AF474538

I

MŒURS POLITIQUES.

IMPRIMERIE DE MADAME VEUVE POUSSIN,
RUE ET HÔTEL MIGNON, 2, F. S.-G.

MŒURS POLITIQUES

PAR

ALEXIS DUMESNIL.

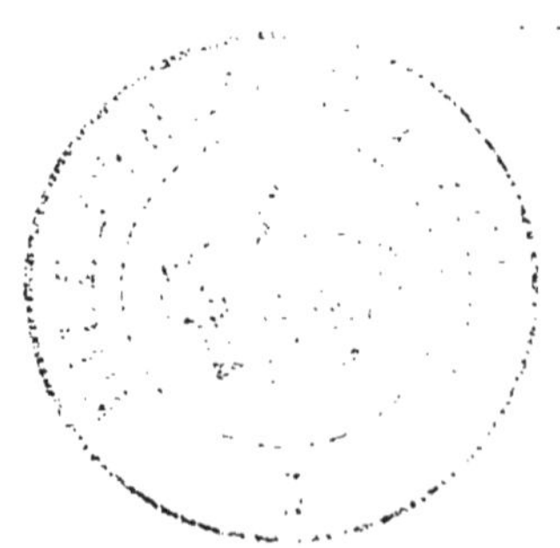

PARIS.

ADOLPHE GUYOT, LIBRAIRE-ÉDITEUR,
18, PLACE DU LOUVRE.

MDCCCXXXIV.

PREMIÈRE PARTIE.

Théorie des Espèces sociales.

LIVRE PREMIER.

DES TRANSFORMATIONS HUMAINES.

I

COMMENT L'HOMME TEND PAR SA PROPRE NATURE A CRÉER DES ESPÈCES DISTINCTES.

Le souverain Être n'a probablement pas entendu soumettre à des lois mécaniques toutes les parties de la nature, ni terminer d'une manière fixe et irrévocable l'œuvre solennel de la création. Mais, en donnant à l'homme la faculté de se connaître et de se modifier, il a ouvert un vaste champ à toutes les combinaisons que peut produire l'étroite alliance de l'âme raisonnable avec le corps; et Dieu associe, d'ailleurs, l'homme à sa vertu créatrice, par le privilége qu'il lui accorde de compléter son organisation, et de faire lui-même sa place dans l'échelle des êtres. Car les lois d'espèce, irréfragables pour les animaux, ne sont pour l'homme qu'une affaire de choix : il peut librement varier ses penchans et ses habitudes, donner la préférence à une faculté sur l'autre, et ne tenir aucun compte de ces lisières de l'instinct qui enchaînent tyranniquement les bêtes à un joug commun. D'où il suit que le genre humain ne renferme point, comme on se l'est imaginé jusqu'à présent, une seule et unique famille diversifiée tout au plus par les climats, mais bien de nombreuses et véritables espèces, qui, se rapprochant toutes par une apparence extérieure, s'éloignent néanmoins par des disparités et des contrastes frappans. Comment, en effet, expliquer autrement le phénomène d'une espèce qui réunirait à la cruauté du tigre la douceur de l'agneau, à la défiance du renard l'innocente simplicité du chien; espèce qui serait tout à la fois vautour et colombe, lièvre et lion! Il importe peu que des individus soient pris au premier abord pour être de la même famille, si leur ressemblance n'est que dans la forme, et qu'ils diffèrent essentiellement par le naturel. Les sentimens et les mœurs d'un homme, voilà ce qui détermine son espèce; de même que l'on parvient à classer les animaux par leur instinct. Il n'y a rien de plus logique que cette assertion, ni qui soit plus rigoureusement conforme aux principes de la science. Si la nature fait nos penchans et notre caractère, et que la différence de caractère constitue la différence d'espèce, il en résulte que c'est la nature elle-même qui crée la nombreuse variété des espèces humaines. Quelles que soient, du reste, les conséquences qu'on en veuille tirer, il faut convenir que nous ne saurions rencontrer, parmi les espèces animales, une plus grande opposition de mœurs et de caractères que celle qui existe entre les diverses espèces humaines, ni des haines plus violentes, ni des antipathies plus invincibles.

Les hommes forment entre eux des espèces réelles, constantes, séparées les unes des autres, soumises à des lois d'instinct, et vivant en guerre par principes. Or, un moment de réflexion fera sentir de quelle importance doit être dans le monde cette seule remarque.

II

DES PRINCIPALES ESPÈCES SOCIALES.

Il ne faut que voir d'un peu plus haut le monde social, et faire abstraction de certaines dénominations géographiques, pour reconnaître clairement des espèces et des variétés d'espèces où jadis on supposait des nations et des empires. Un peuple n'est, dans le fond, qu'une grande famille liée par des sentimens communs, et professant les mêmes mœurs. Sans cette conformité de goûts et d'humeurs qui constitue les espèces animales, il ne saurait non plus y avoir entre les hommes de société possible. Mais comme chaque lien social exprime plus particulièrement quelqu'une des puissantes facultés de l'homme, il s'ensuit que des dissemblances mêmes du lien naissent les dissemblances d'espèces. Tandis que les unes, mues par des sentimens supérieurs, élèvent l'homme à toute sa dignité, les autres, développant, au contraire, ses facultés inférieures, finissent par le faire descendre au rang des plus vils animaux.

Il s'agit donc de classer, selon leurs mœurs et leur caractère particulier, ces familles humaines que l'on désigne vaguement sous le nom de peuples, et qui ne cessent de manifester des facultés différentes et de nombreuses contradictions d'espèces. C'est la nature qui nous servira de guide ; nous ne voulons que revenir à l'ordre qu'elle a établi. Trois grandes espèces sociales partagent le genre humain, savoir : l'espèce théosophique ou religieuse, qui a son lien dans le ciel, et que j'appellerai l'espèce créatrice, parce qu'elle semble donner à l'homme des facultés sans lesquelles il n'est point un être complet ; l'espèce conservatrice, dont le principe, quoique moins relevé, entretient dans l'homme les sentimens de justice et de dévouement qui font sa gloire ; et l'espèce destructive, ainsi nommée parce qu'elle se lie par des principes de ruine et de destruction. Celle-ci ne cesse d'agir dans des vues d'égoïsme et d'intérêt personnel, tandis que des deux autres, la première rapporte tout au principe divin, et la seconde à des idées de morale et de patrie. Une longue civilisation aura sans doute modifié le genre humain et produit de grandes altérations; mais il n'est aucun homme qui, dans le fond, n'appartienne à l'une de ces trois espèces.

III

COMMENT CES ESPÈCES ONT ELLES-MÊMES REPRÉSENTÉ PAR DES SYMBOLES LEURS DIFFÉRENS CARACTÈRES.

Nous venons d'indiquer, en peu de mots, les espèces susceptibles de posséder une organisation politique et des formes sociales analogues à leur principe; nous avons vu ce que devaient être les peuples dans leur état normal et pourvus de leurs plus éminentes facultés. Mais on ne comprend guère cette parfaite unité de lien parmi les sociétés modernes, qui n'offrent, en général, qu'un mélange confus d'espèces bâtardes et de variétés sans nombre, parquées dans le même empire avec des mœurs et des inclinations toutes contraires. Les lois, les institutions, les croyances n'y sont que pièces de rapport et œuvre de marqueterie : le grand lien est brisé, chaque individu règle ses principes, établit ses doctrines, ce qui fait qu'il n'y a que des individualités et plus d'espèce. Aussi devient-il toujours plus difficile de retrouver dans cette monstrueuse agglomération d'hommes corrompus et dégénérés les traits distinctifs de leur espèce et les nuances diverses de leur caractère. Le naturel se cachant sous un masque commun de civilisation et de politesse, il faut, en quelque sorte, le saisir à la dérobée et le forcer de se montrer à nu.

Nous ne sommes plus au temps où les espèces sociales exprimaient elles-mêmes leur lien et peignaient leur caractère, soit qu'elles eussent recours à l'allégorie, soit qu'elles cherchassent parmi les animaux des symboles fidèles. Plus tard, il est vrai, ces manifestations symboliques ont été détournées de leur véritable objet, mais elles n'en furent pas moins, dans le principe, un signe réel et très expressif des sentimens nationaux. C'est ainsi que l'aigle, le vautour, le lion, le tigre, l'ours, la panthère, que nous reléguons maintenant parmi les armoiries des peuples, figuraient autrefois de véritables espèces sociales, et servaient d'enseignes à leur naturel courageux, violent, indomptable ou lâchement féroce et destructeur. Ces symboles sont devenus de vaines images, sans but et sans réalité; mais il n'en est pas de même de la colombe et de l'agneau, qui représentent encore les principes de douceur et de bienveillance universelle de l'espèce chrétienne. Avant elle, les

Juifs, qui se liaient dans l'unité sainte de Jéhovah, avaient pris pour signe symbolique le triangle. Or, cette nation témoignait aussi de la pureté de son lien par l'antipathie qu'elle avait pour tous les animaux immondes.

On sait que d'autres espèces sociales, liées au contraire par des appétits inférieurs, portaient le mépris des plus nobles facultés de l'homme jusqu'à choisir pour symboles des animaux, tels que le loup et le chien, d'où leur vinrent ensuite les surnoms de Lycopolites et de Cynopolites. A Canope, comme qui dirait la ville des chiens, tous les sentimens avaient fait place à une odieuse débauche, et la prostitution, qu'on y encourageait ouvertement, allait encore au-delà de ce que nous pouvons imaginer de plus infâme. Or, je ne saurais m'empêcher de marquer ici les commencemens de l'idolâtrie, ou peut-être même une de ses causes principales, si l'on s'en rapporte aux inductions les plus naturelles. Quelques espèces sociales, troublées par de folles imaginations, se seront fait insensiblement des dieux de leurs symboles, et elles auront fini par adorer, sous de honteux emblèmes, leurs propres penchans. N'est-ce pas ainsi que le serpent, type et modèle de tant de démons à face humaine, a dû lui-même jouer un rôle principal, et trouver sa place dans plus d'un culte?

IV

DU PRINCIPE GÉNÉRATEUR DES ESPÈCES SOCIALES.

Comme la génération des espèces sociales dépend, avant tout, de l'influence que l'on exerce sur les sentimens de l'homme, c'est aussi par la combinaison de ces mêmes sentimens avec nos autres facultés qu'elles s'étendent et se multiplient. Chaque espèce fait choix d'un lien constitutif, déduit ses croyances et ses doctrines, et les imprime si bien dans le cœur de l'homme, qu'elle lui procure, par l'éducation même, une seconde naissance que nous appellerons, si l'on veut, la naissance d'espèce.

Et cependant il existe encore, outre cette émission fécondante de principes et de sentimens héréditaires, comme une double génération morale qui se fait au-dehors, par voie de séduction et de prosélytisme. On l'emploie d'ordinaire à l'égard des étrangers qu'elle doit changer ou transformer, comme l'éducation elle-même change les enfans. Ajoutons que si le désir des conversions entre dans la nature de l'homme, malheureusement les espèces sociales ne se bornent pas toujours à la persuasion, et font trop souvent usage, pour se recruter, de la force et de la violence.

Mais, du reste, la guerre et la conquête sont aussi des moyens de propagation, et quelquefois les sociétés n'en ont pas de meilleur pour se régénérer.

V

DES ESPÈCES SOCIALES SELON LES DESSEINS DU CRÉATEUR.

Pour ne voir dans l'homme que le plus parfait des animaux, il faut oublier à quelle distance de la bête le placent les libres facultés de son âme; intervalle immense, que n'a point mis la nature entre les autres parties de ses ouvrages, où tout est lié par des caractères mixtes et des nuances intermédiaires. A ne le supposer qu'un animal raisonnable, l'homme raisonnerait tout au plus dans les limites de ses besoins et de ses appétits, tandis qu'il peut aisément s'élever à de hautes abstractions, chasser jusqu'à l'idée du plaisir, briser son corps en vue d'un principe, et faire à de simples doctrines le sacrifice de sa propre vie. Déviation continuelle des lois de la nature, puissance de les violer ou de les ennoblir, telles sont les facultés de notre âme et les qualités essentielles qui lui répondent de l'avenir. Le Créateur a mis à la disposition de l'homme les instincts aveugles par lesquels se gouvernent les animaux, justement pour que l'homme se fît un mérite de rester homme. Or, je vois là pour lui tout un système d'épreuves et de tentations morales, selon qu'il préfère, en vertu de son libre arbitre (1), occuper le rang émi-

(1) L'Ecclésiastique dit, chap. XV, v. 14 : « Dieu, dès le

nent où l'appellent ses facultés supérieures, ou n'exercer que celles-là mêmes qui conviennent à la bête. Lorsque l'homme se modifie dans la partie inférieure de son être, il y prend nécessairement, avec une nature inférieure, les mœurs et les inclinations des espèces animales; mais en n'altérant aucun des sentimens élevés que lui a départis le Créateur, en ne laissant point se corrompre le principe essentiel de sa volonté, il produit une espèce vraiment intelligente et consciencieuse dont le type éternel est en Dieu.

On ne saurait trop admirer dans l'ordre moral ces prodigieuses transformations de l'homme, qui, par la seule force de sa volonté, peut incessamment choisir entre les instincts les plus divers, manifester les sentimens les plus contraires, et puiser, si j'ose ainsi dire, à tous les degrés de l'intelligence et de la vertu. Combien est loin d'une si haute

« commencement, a créé l'homme, et il l'a laissé dans la main « de son propre conseil. »

puissance de facultés l'organisation toute mécanique des espèces animales, et cet inflexible naturel qui les retient éternellement dans le cercle étroit des mêmes qualités bonnes ou mauvaises! La variété de nos penchans, au contraire, atteste notre véritable grandeur, comme les oppositions de mœurs prouvent notre liberté; car c'est par le privilége de modifier sa propre essence que l'homme joue le grand rôle de la création.

Rien n'entrait mieux, d'ailleurs, que ces contrastes et ces fécondes dissemblances dans l'éternel dessein de Dieu, qui ne cesse de maintenir l'ordre par les contraires. Que si la Providence ne nous eût pas doués de facultés toutes différentes, et de manière à opposer l'homme à lui-même, quelle autre espèce sur la terre, je le demande, pourrait être opposée à l'espèce humaine? Cependant, l'opinion qui fait naître des contrastes l'harmonie de l'univers n'est point nouvelle, et semble appartenir à la plus haute antiquité. Le livre de l'Ecclésiastique, si profond dans tout ce qui regarde la science des mœurs, après avoir dit que « le bien est contraire au mal et la vie à « la mort, » ajoute ces paroles remarquables : « Considérez toutes les œuvres du Très-Haut, « vous les trouverez ainsi deux à deux, et op- « posées l'une à l'autre (1). » On voit, selon ce que rapporte Plutarque (2), que c'était aussi l'opinion d'Héraclite : « Que la concor- « dance de ce monde est composée de con- « traires, comme une lyre de haut et bas. » Et enfin Plutarque lui-même, dans son traité *du Contentement ou repos de l'esprit*, se range à cette doctrine, et soutient que « l'harmonie « est composée de choses contraires. »

Jamais point de morale n'offrit un accord si unanime. Nous le retrouvons à toutes les époques, même de nos jours, comme un dogme établi. C'est là que Bernadin-de-Saint-

(1) Chap. XXXIII, v. 15. On lit encore dans le chap. XLII, v. 25 : « Chaque chose a son contraire, l'une est opposée à « l'autre, et rien ne manque aux œuvres de Dieu. »

(2) *De Isis et de Osiris.*

Pierre a puisé son système des contrastes, qui, pour appartenir à d'autres temps, n'en est pas moins d'une vérité incontestable.

LIVRE II.

MŒURS DES DIFFÉRENTES ESPÈCES SOCIALES.

I

SOCIÉTÉ DE L'ESPÈCE CRÉATRICE, CONSTITUÉE POLITIQUEMENT.

Entre toutes les grandes familles humaines qui, sous le nom de peuples ou de nations, ont appartenu à l'espèce créatrice, je n'en connais aucune dont les mœurs portent plus que celles des Juifs l'empreinte d'un caractère essentiellement original et distinctif, d'où je conclus que le lien d'Israël devait être aussi le plus parfait de tous. Les Egyptiens dans l'antiquité, les Turcs de nos jours sont des variétés puissantes de l'espèce créatrice, mais d'un ordre bien inférieur à la nation que nous proposons ici comme modèle du genre. En effet, si l'un des caractères manifestes de l'espèce créatrice, devenue corps politique, est de vivre en théocratie, on peut affirmer sans crainte qu'il n'a jamais existé de gouvernement théocratique comparable à celui des Hébreux ; non pas même chez les Turcs, où le Koran forme cependant la base de toutes les lois civiles et politiques. Le principe constitutif ne jouit pas du degré d'autorité convenable parmi les Mahométans ; cette espèce bâtarde n'exprime point un lien aussi pur que celui de Moïse ou d'Aaron ; elle ne sent point d'une manière assez immédiate la main de Dieu : Mahomet a fait la part du prophète beaucoup trop forte.

Vous voyez, au contraire, en Israël, éclater la puissance et la vertu du lien théocratique jusque dans l'impossibilité où étaient les Juifs d'aliéner leurs terres, dont ils ne se regardaient que comme de simples fermiers, ou tout au plus des usufruitiers. Jéhovah était à la fois le monarque, le législateur, et le grand propriétaire. Par suite encore du même principe ils pouvaient disposer de la vie de leurs enfans, les châtier, ou les mettre à mort avec l'approbation du magistrat. Car ce pouvoir absolu des chefs de famille offre le seul moyen peut-être de conserver dans toute sa pureté le caractère d'espèce. Pour que l'éducation, qui fait l'homme, soumette à la longue les esprits opiniâtres et rebelles, pour qu'elle puisse transformer nos sentimens et devenir comme l'apprentissage d'une autre nature, il faut bien qu'elle soit donnée avec l'autorité nécessaire. C'est ce que les Hébreux avaient d'abord compris, et ils y trouvèrent la plus ferme assurance de leur unité.

Israël fuyait d'ailleurs les nouveautés, et réprimait avec soin cet amour du changement qui finit par briser les liens d'espèce. Il menait une vie simple et innocente, cultivait ses champs et paissait ses troupeaux. Chacun pouvait, comme dit l'Ecriture, goûter le bonheur sous sa vigne, dans cette précieuse médiocrité de fortune où le retenait la sagesse des lois. Ce peuple, soumis à la haute influence d'une pensée divine, se montrait véritablement le modèle de la perfection humaine; les Juifs étudiaient la justice et s'appliquaient à l'exercice de la vertu avec la même ardeur que nous mettons à devenir chimistes et mathématiciens. Ils s'étaient figuré l'homme dans toute sa dignité morale, et ils avaient fait de cette belle image le prototype de leur espèce. Il n'y a donc qu'une ignorance grossière qui puisse admettre cette phrase toute faite, que les Juifs sont encore aujourd'hui ce qu'ils étaient autrefois. Non, Israël ne ressemble plus à lui-même, depuis qu'il a cessé de cultiver les sentimens supérieurs de l'homme, depuis qu'il a méconnu son principe et brisé son lien. Au lieu de la vie pastorale que menait ce peuple, il a pris, avec l'esprit marchand, des inclinations basses et cupides, qui ont tourné toute sa pensée vers la fraude et le mensonge; et de l'espèce créatrice où les Juifs tenaient le premier rang, ils sont passés à l'une des plus ignobles variétés de l'espèce destructive.

II

AUTRE SOCIÉTÉ DE LA MÊME FAMILLE SANS ORGANISATION POLITIQUE.

Quoique l'espèce chrétienne compte dans son sein des hiérarchies nombreuses, quoique cette espèce obéisse à un chef suprême et à des pouvoirs intermédiaires, on ne saurait cependant dire qu'elle soit nulle part constituée politiquement, puisque l'Evangile ne détermine encore chez aucun peuple le principe et la base des formes sociales. Elle remue dans ses fondemens la société civile; elle étend, comme un vaste réseau, son lien puissant, mais elle ne gouverne point. En effet, une espèce qui se propose, par ses transformations morales, d'absorber toutes les autres, doit attacher peu d'importance à la possession matérielle du pouvoir; il lui suffit d'engendrer les hommes à son principe, pour leur en faire accepter toutes les conséquences. On peut d'ailleurs se figurer, d'après les mœurs et le caractère bien connu de cette espèce, l'ordre politique qu'elle eût établi dans l'univers. Les chrétiens, qui ne formaient qu'un troupeau et qui ne veulent se considérer que comme les membres d'un même corps, ont seuls pratiqué cette égalité parfaite que l'on chercherait inutilement hors de leur lien d'espèce. A Jérusalem, comme à Antioche, le peuple ne les connaissait que sous le nom de *frères*. Parmi eux, on ne faisait point acception de personnes : il n'y avait ni chevalier ni plébéien, ni riche ni pauvre ; les terres et l'argent étaient mis en eommun. Or, cette grande pensée d'union fraternelle et de communauté des biens se trouve si nettement exprimée dans tous les essais de forme sociale, tentés par des individus de l'espèce chrétienne, que, dès l'origine, leurs agrégations en ont pris indifféremment les noms de *couvens* ou de *communautés*.

On sent le bonheur qui s'attacherait à de si belles institutions, et quelle force en retirerait la société dont elles formeraient le lien ! Mais apparemment que le *gnostique* ou vrai chrétien doit se proposer un autre but, moins matériel et plus en rapport avec ses hautes qualités morales, qui lui font compter pour rien la gloire et les avantages de ce monde. Il constitue une espèce grave, austère, désintéressée, qui, brûlant d'atteindre la perfection, travaille incessamment à s'affranchir des appétits inférieurs de l'homme, pour ne laisser dominer que ses plus nobles sentimens. Cette espèce, si rare de nos jours ou plutôt si dégénérée, ne se montrait sensible, après le plaisir de cultiver son âme, qu'aux douceurs d'une vie innocente, qui la disposait encore à de plus rares vertus. Elle aimait la retraite et la solitude, et préférait toujours les états qui ne l'obligeaient point à se répandre dans le monde. Sa nourriture était simple et frugale : du laitage, des légumes, des fruits composaient à peu près tous ses repas. On ne la voyait se servir ni de parfums, ni de meubles précieux, ni de riches habits; mais elle choisissait, au contraire, les étoffes les plus grosses et les plus communes, bannissant de son usage tout ce qui pouvait ressembler à une vaine parure. Elle n'attachait de prix qu'à la sérénité de l'âme, et à cette approbation secrète de la conscience qui rehausse d'un éclat si pur l'extérieur de l'homme. Car le vrai chrétien vit sans soins et sans inquiétude, exempt de tristesse, avec un visage heureux et calme, comme celui qui fuit les affaires et ne s'embarrasse point du lendemain. Ses admirables qualités, et le zèle qu'il met à les propager, ont souvent excité contre lui des haines violentes, et alors son courage redoublait au milieu des supplices; mais il aime, en général, à se séparer des autres espèces, qui troubleraient son repos et gâteraient infailliblement la pureté de ses mœurs.

Telle était au commencement cette espèce chrétienne douée de tant de grâces et de vertus, pleine d'une si noble et si touchante modestie, et dont nous admirons par-dessus tout l'abnégation sublime. Dégénérée et corrompue, elle est maintenant si différente d'elle-même que l'on trouverait à peine dans quelques individus isolés les traces de son caractère primitif.

III

DE L'ESPÈCE CONSERVATRICE.

Nous avons vu l'espèce créatrice, prenant son point d'appui dans le ciel, se joindre en quelque sorte à la Divinité, pour développer les plus nobles facultés de l'homme; nous l'avons vue, sous l'influence de son principe divin, enseigner une justice et une bienveillance universelles, parler à tous les peuples le langage de la fraternité, et n'aspirer à faire du genre humain qu'une seule et même famille. Moins pure à son origine et de sentimens moins élevés, l'espèce conservatrice se plaît, au contraire, à circonscrire dans une étroite politique ses affections de lien et de parenté sociale, à les mesurer sur ses frontières, à leur donner tout au plus les mêmes bornes qu'à ses états. Elle ne connaît point cette généreuse sollicitude qui s'étend à l'humanité entière; elle dédaigne une compassion trop générale, et la flétrit comme une faiblesse et quelquefois comme un crime. Ses mœurs sont rudes et farouches, son indomptable courage va jusqu'à la férocité. Et, cependant, on ne saurait porter plus loin le dévouement et la grandeur d'âme; elle a de tout temps enfanté les héros; elle est magnanime comme par instinct.

Cette espèce, aussi nombreuse que puissante, comprend tous les peuples patriotes et fidèles aux lois de leur pays, tous les états où l'on a conservé des principes d'honneur et de probité, et ces sectes mêmes, qui, sans organisation politique, forment, au sein des empires, de véritables espèces INSTITUTRICES. Voilà les différentes variétés de l'espèce conservatrice, cette grande et importante famille dont le lien général a toujours été l'amour des lois et de la patrie.

LA SOCIÉTÉ GRECQUE.

PREMIÈRE VARIÉTÉ.

C'est encore vers les anciens peuples de la Grèce qu'il faut tourner nos regards, si nous voulons saisir, dans tout son éclat, le caractère héroïque et vraiment sublime de l'espèce conservatrice. Quelle qu'ait été la forme de leur gouvernement, sous des rois ou en république, les Grecs ont toujours manifesté les mêmes sentimens, c'est-à-dire le même enthousiasme de la vertu. Vous vous rappelez cette belle réponse d'un Spartiate : « Ce qui « est glorieux l'emporte toujours, parmi nous, « sur ce qui est utile. » Ce mot admirable n'appartient pas seulement à Cléomène, il était dans le cœur d'Aristide, dans le cœur de tous les Grecs, qui trouvèrent là le secret de leur grande puissance. Ils s'étaient liés dans le respect des lois et dans l'amour de la patrie, et jamais peuple ne se montra plus fidèle à son principe social. Les Grecs aimaient leur cité comme on aime sa mère ; ils ne faisaient point de différence dans leur tendresse, ils donnaient même au lien politique la prééminence sur tous les liens de famille. Que de monumens, dans leur histoire, de cette piété vraiment filiale ! que d'admirables résolutions, et de sacrifices plus admirables encore ! « Pas-

« sant, va dire aux Lacédémoniens que nous « reposons ici pour avoir obéi à leurs lois. » Ces paroles sublimes, gravées aux Thermopiles sur le tombeau des trois cents Spartiates, n'étaient que l'expression solennelle d'un sentiment commun à la Grèce entière.

Et cependant il ne faudrait, pour prouver l'infériorité même de cette espèce, que pénétrer un peu mieux le secret de son lien, qui ne renferme peut-être pas toujours la haute pensée morale qu'on lui suppose. Les souvenirs de l'enfance, et la première impression que reçoivent nos sens, décident, en effet, beaucoup plus que la raison de nos prétendues vertus patriotiques. D'heureux climats, des contrées fertiles ou pittoresques, se gravant dans la mémoire comme un beau paysage, doivent nécessairement former ces peuples patriotes qui mettent au premier rang des vertus l'égoïsme national, qui rendent un culte d'amour aux lieux où ils sont nés, et n'oublient non plus leur berceau que le chamois des

Alpes n'oublie ses pics de glace et ses noirs torrens. A cet égard aucune espèce n'eut à se louer du sort comme les Hellènes, qui, placés par la Providence sous le plus beau ciel de l'univers, étaient encore enchaînés par des liens de fleurs sur les rives embaumées du Céphise et de l'Eurotas. Aussi, de même que le trépas semblait ne mettre point de bornes à leur obéissance, il ne pouvait adoucir non plus l'amertume de leurs regrets; témoin cette inscription sépulcrale, si touchante et si mélancolique, que laissèrent après eux, dans la plaine d'Ecbatanes, ces Grecs emmenés en esclavage par Darius : « Erétriens de « l'Eubée, nous sommes enterrés près de « Suses; hélas! à quelle distance de notre « patrie! »

Au reste, ce patriotisme brûlant, l'âme et le lien de la Grèce, a su quelquefois ramener les peuples qu'il unissait aux rares et éminentes qualités de l'espèce créatrice elle-même. Lacédémone, sous ce rapport, nous fait admirer de grandes vertus; et peut-être cette république a-t-elle laissé au monde le plus bel exemple d'égalité sociale et de véritable communauté des biens. On se rappelle aussitôt les frères d'Antioche et leur pieuse et vive affection; on se croirait presque au milieu de l'espèce chrétienne, avant qu'elle eût dégénéré de son principe divin. Quelle tempérance et quelle modestie! Qu'ils nous paraissent grands encore ces Spartiates qui tenaient à honneur la simplicité de leurs goûts sauvages, et n'attachaient aux choses de la vie qu'une importance morale; ces hommes vertueux, qui, les premiers, sentirent la nécessité de prendre leur nourriture dans le même réfectoire, sans que nul citoyen, magistrat, ou roi, pût se dispenser d'assister à ces repas publics! La propriété, qui fait les délices de l'esclave, leur semblait un droit si douteux, qu'on ne punissait guère un voleur que de sa maladresse. Chez les Spartiates, l'éducation était, d'ailleurs, une affaire de toute la vie, et l'on sait que cette éducation tendait particulièrement à confondre les citoyens dans l'unité politique, ainsi qu'à leur imprimer à tous le même caractère d'espèce. Il est inutile de dire le respect profond que l'on avait en Grèce pour les vieillards, et de quelle estime on y entourait les lumières et les sages conseils de l'expérience; ôtez du cœur de l'homme ces sentimens de vénération, il ne reste plus ni mœurs, ni société, ni espèce.

Mais ces mêmes Grecs, que vous prendriez volontiers pour quelque famille de l'espèce créatrice, suivez-les dans les autres parties de leur vie sociale, et vous ne trouverez à côté de tant de grandeur, que des habitudes de meurtre et une politique odieuse. Le lien exclusif de la patrie, qui sépare un peuple de toutes les nations, les armait aussi contre toute la terre, et ne leur laissait de sentimens d'humanité que pour des citoyens ou des membres de la république, c'est-à-dire pour leur propre espèce. De là vient aussi que les

Lacédémoniens ne voyaient dans leurs esclaves qu'un vil gibier, sur lequel la jeunesse pouvait indifféremment faire l'apprentissage de la chasse ou de la guerre. Or, la manière cruelle dont ils traitaient les Hilotes se conciliait admirablement avec l'intime persuasion où était alors toute la Grèce, qu'il existe parmi les hommes des espèces d'un ordre inférieur que la nature a faites exprès pour obéir, et qu'elle a marquées dans leur organisation même du sceau de l'esclavage (1). Les Grecs se croyaient seuls dignes de la liberté, et, en conséquence, les étrangers furent toujours, sous la dénomination flétrissante de barbares, exclus du lien politique, voués au mépris, relégués et confondus parmi les animaux. Il faut le dire, l'espèce créatrice a quelquefois aussi frappé d'anathème et outragé les autres peuples; mais elle professait en même temps le dogme de la transformation, et ne négligeait aucun moyen de les ra-

(1) Liv. Ier. De la Politique d'Aristote.

mener à son lien social. Et voilà précisément ce qui met entre les deux espèces une différence si grande : tandis que celle-ci ne demandait qu'à modifier les hommes qui lui étaient opposés de sentimens, l'autre, méconnaissant par principe leur véritable condition, prétendait, à toute force, les exclure du genre humain.

LA SOCIÉTÉ ROMAINE.

SECONDE VARIÉTÉ.

L'austère vertu des Romains, la noble simplicité de leurs mœurs, tant de désintéressement, tant de patience, tant de courage, tant de patriotisme, ne permettent point de douter que, comme les Grecs, ils n'appartinssent à l'espèce conservatrice. Et c'est par suite, apparemment, de ces rapports de lien et de caractère, qu'ils allaient en Grèce étudier la philosophie, chercher des lois, et quelquefois même des dieux. Leur patriotisme éclairé se plaisait, d'ailleurs, à consulter partout l'expérience, et ne négligeait non plus les inventions des Barbares que les hautes sciences qui pouvaient venir de l'Attique, ou du Péloponèse. Voilà de quelle manière Rome se mit à la tête de la civilisation, et força l'esprit humain à prendre un nouvel essor.

Que l'on insulte maintenant à ce patriotisme des Romains, source féconde de leurs vertus et de leur puissance, il n'y a rien là qui nous doive étonner; c'est l'erreur d'une hypocrite et stupide philosophie qui ne veut faire la part ni des lieux ni des temps. Le moyen de réconcilier une époque de gloire avec les puériles infatuations de ce misérable siècle, déjà tout près de retourner à la barbarie? On ne sent bien que ce qui est au fond de son âme; il faut avoir soi-même quelque magnanimité pour comprendre celle des autres. La Grèce s'appliquait particulièrement à faire fleurir les arts et les sciences; mais, trop faible pour les répandre au-dehors, elle se contentait de garder avec soin ce précieux dépôt, et, dans son esprit, c'était combattre pour la cause même des lumières que de combattre pour la patrie. Mais les Romains, maîtres du monde, firent encore mieux : ils employèrent leur souveraine puissance à partager ce trésor entre les nations; ils le communiquèrent à toute la terre, et mirent ainsi pour toujours la civilisation en sûreté. Car, malgré l'impertinente philantropie de nos petits publicistes *moyen-âge*, qui prétendent aujourd'hui tourner contre Rome l'éclat de ses propres conquêtes, on sent d'abord qu'il n'y avait pas de meilleur moyen pour propager les lumières, et pour les empêcher de s'éteindre à leur foyer. La mission des Romains se manifeste dans leurs combats et dans leurs victoires, dans les plus rudes travaux que peuple ait jamais entrepris, dans ces colonies dont ils couvraient la terre, dans leur continuel mélange avec les Barbares. Ces guerres lointaines, qui frayaient partout un chemin à l'espèce conservatrice, c'était la presse de cette époque, le journalisme à main armée, une éducation de champs de bataille, lorsqu'il n'y en avait pas d'autre possible. Encore ne faut-il pas oublier que l'univers, sous la main de ses vainqueurs, jouit long-temps d'une paix profonde, au milieu de laquelle se développèrent dans le genre humain de nouveaux sentimens et de plus hautes qualités d'espèce. Certes, ce n'est pas à nous qui avons tant reçu de Rome, à nous qui lui devons nos lois, nos mœurs, notre littérature, notre civilisation, qu'il appartient de méconnaître les rares vertus des Romains, et de contester leurs droits à la reconnaissance publique comme peuple patriote, et comme espèce conservatrice.

ESPÈCES INSTITUTRICES, DU GENRE DE L'ESPÈCE CONSERVATRICE.

Il n'est pas rare de voir naître dans l'espèce conservatrice des variétés nombreuses, qui, loin de rompre l'unité du lien social, contribuent, au contraire, à le fortifier de tout le zèle qu'elles mettent à défendre ou à propager son principe générateur. De là vient aussi que, pour faire connaître leurs qualités essentielles, nous les désignerons sous le nom d'espèces institutrices. Elles ont rempli la Grèce de leurs écoles, jeté de nombreux essaims dans Rome, et fait généralement sentir partout le progrès et la puissance des lumières. On les regardait comme le bon génie des peuples, et, si je puis ainsi parler, comme le sel qui empêche les empires de se corrompre. Tel a été dans tous les temps le caractère distinctif des principales sectes de philosophes, qui, par le soin qu'ils prenaient de perfectionner les mœurs et la raison, doivent former la nuance entre l'espèce créatrice et l'espèce conservatrice. Il ne faut pas confondre leurs doctrines avec les bizarres fantaisies d'un esprit malade, avec ces odieux et funestes systèmes qui ont plus d'une fois accéléré la chute des états. Pour peu qu'une nation de l'espèce conservatrice n'ait pas entièrement dégénéré de son lien, elle ne doit attendre de la philosophie que d'utiles leçons et de grands exemples de dévouement. C'était à cette condition que l'on suivait les philosophes, et qu'on les prenait pour des types nouveaux de la vie sociale. Socrate, Aristote, Zénon, Antisthènes n'eurent d'autre métier que de former des hommes à leur image, et de développer en eux de plus nobles facultés et de meilleurs sentimens; ce qui fait que le premier de ces philosophes comparait lui-même sa profession à celle de sa mère qui était sage-femme.

Parmi cette innombrable variété d'espèces

institutrices, la Grèce s'honorait surtout d'avoir produit les stoïciens, que leur désintéressement et leur fermeté d'âme ont, pour ainsi dire, élevés au rang de l'espèce créatrice, plus pure, il est vrai, dans ses croyances, et plus irréprochable dans ses mœurs. Ennemis de toute feinte et de tout déguisement, ils entendaient que l'extérieur de l'homme fût l'expression réelle de ses bonnes ou mauvaises qualités. Leur sage devait fuir la solitude et chercher les occasions de se rendre utile à son pays. Pour eux, l'amitié était une communauté des choses nécessaires à la vie. Si un sage, disaient-ils, étend quelque part son doigt avec sagesse, tous les sages de la terre en sentiront l'aide. Or, Plutarque, en blâmant cette maxime (1), fait voir qu'il ne l'avait point comprise, et tombe lui-même dans le ridicule. C'est, en effet, une manière admirable de représenter la force et la puissance

(1) Des communes conceptions contre les stoïques.

du lien qui unit ensemble tous les membres de la famille conservatrice.

On sait que les pythagoriciens définissaient l'amitié une égalité de biens et de sentimens, et qu'ils possédaient, par cette raison, toutes choses en commun. On sait aussi la peine que s'était donnée Pythagore pour établir parmi ses disciples l'unité d'espèce. Sept années de retraite et de silence ne lui semblèrent pas un trop long apprentissage pour opérer la transformation complète de l'homme. Voilà comme les espèces institutrices venaient au secours du lien politique, et tendaient, par une éducation toujours plus forte, à maintenir les mœurs et les qualités d'espèce.

Mais, à ne considérer ici que l'espèce stoïcienne, la plus propre sans doute à former de grands caractères, il faudra reconnaître dans sa philosophie même des erreurs sans nombre et des vices impardonnables. Un de ses oracles, Epictète, qui prétend ôter du cœur du sage les plus tendres sentimens, ne trouve pas non plus de meilleur moyen pour changer les hommes, que de leur inspirer la crainte puérile de ressembler au vulgaire (1) ; comme si la vanité pouvait être le mobile d'une bonne action! Le même philosophe recommande encore à ses disciples de laisser leur esclave suivre ses mauvais penchans, plutôt que de s'exposer eux-mêmes à perdre leur repos (2).

Ce n'est pas ainsi que parle l'espèce chrétienne, cette espèce qui voit partout des frères, qui ne fait acception de personne, et met autant de soin à toucher le cœur de l'esclave que celui du maître. Son modèle divin, qui, pendant trois ans, marcha par le monde, renouvelant les mœurs, transformant les hommes, dispensant à tous des préceptes et

(1) *Manuel d'Epictète*, XLV : « Evitez les repas où vous « vous trouveriez mêlé avec le vulgaire; et, dans le cas où « vous ne pourriez absolument vous en dispenser, veillez sur « vous-même pour ne rien faire qui sente le peuple. » Et encore LII et LIV : « Laissez de tels discours au vulgaire.... Le « goût pour de tels propos vous conduirait à parler comme de « gens du peuple, etc. »

(2) *Manuel d'Epictète*, XIII.

des conseils, ne rougissait ni d'instruire les gens de mauvaise vie, ni de ressembler à ce pauvre peuple, parmi lequel il se plaisait à demeurer confondu. Car la véritable dignité ne consiste point à se distinguer du vulgaire, mais des méchans; de même que la honte n'est point faite pour les petits, mais pour les hypocrites, quels que soient d'ailleurs leur rang et leur condition.

IV

DE L'ESPÈCE DESTRUCTIVE.

Le genre humain a ses loups, ses hyènes, ses tigres, qui se réunissent en troupes, et vont par bandes pour tout ravager et tout détruire. Il n'est pas un coin de la terre que n'aient désolé ces bêtes féroces, et qui n'offre encore quelques traces de leur vengeance et de leur fureur. Que pouvait faire de pis que l'armée d'Attila, une irruption de tigres ou de lions descendus de l'Atlas? Quel plus épouvantable souvenir eussent-ils donc laissé parmi les hommes? Et vos Tartares de Gengiskan ne surpassent-ils pas eux-mêmes les Huns en cruauté? N'est-ce pas leur postérité sanguinaire que vous avez vue, sur les pas de Tamerlan, courir à la dévastation du monde? Imagine-t-on la férocité de ces hordes sauvages, qui faisaient servir le sang des vaincus à détremper leur ciment, et jetaient des peuples tout vivans parmi les briques dont ils construisaient leurs tours et leurs remparts?

Mais l'homme peut encore pousser plus loin sa rage de tigre, et ne se pas contenter de la mort d'un ennemi suppliant et captif. Il est au fond de notre cœur d'horribles instincts que l'espèce destructive a su développer, qui rendent plus ardente la soif des combats, et prêtent un nouvel attrait à la vengeance. Les Cannibales, après avoir terrassé leur ennemi, se jetant sur son corps comme sur une proie, le déchirent de leurs ongles, lui ouvrent la gorge, et sucent à longs traits le sang de cette victime, jusqu'à ce qu'elle ait rendu le dernier soupir.

Je me suis hâté d'arriver au dernier terme de la dépravation humaine, afin de confirmer, par de nouvelles preuves, ce qui avait été dit au commencement de ce livre, et pour faire voir que l'homme, dans la transformation de ses sentimens inférieurs, ne le cédait à aucune bête féroce en cruauté. Et cependant il faut bien se persuader que les anthropophages et les ravageurs d'empires ne constituent pas seuls la grande famille destructive, mais que l'on y doit encore comprendre plus d'un Etat paré des grâces de la civilisation, plus d'une société disposée à cacher ses inclinations cruelles sous le masque du patriotisme et de la philantropie. Rien ne serait plus facile que de dresser un arbre généalogique où figureraient tous ces groupes du même genre, où l'on pourrait arriver, par degrés, de l'habile diplomate au soldat de Tamerlan, et de l'homme de bourse ou de comptoir au Cannibale le plus déterminé. C'est lorsque l'espèce destructive menace l'ordre social de tant de façons différentes, lorsqu'elle se multiplie chaque jour d'une manière si terrible, que nous devons particulièrement regarder comme un devoir de la faire connaître sous toutes ses formes et dans toutes ses variétés.

LA SOCIÉTÉ ANGLAISE.

VARIÉTÉ DE L'ESPÈCE DESTRUCTIVE.

Un peuple qui ne connaît d'autre lien social que ses intérêts et le plus vil égoïsme, fait aussi bien partie de l'espèce destructive que les Huns ou les Vandales. Si la nation anglaise se montre moins violente que ces barbares, c'est qu'elle entend mieux l'art de s'enrichir, c'est que le monopole des comptoirs porte apparemment plus de profit que l'invasion et la conquête. Et, cependant, gardez-vous d'exciter sa haine, si vous ne voulez d'abord la voir furieuse payer la révolte et l'assassinat, saccager les villes, ruiner les provinces, courir les mers la flamme à la main, et, par d'horribles supplices, abréger la vie de ses prisonniers. Ce n'est pas l'Angleterre, qui, sur le conseil de quelque nouvel Aristide, se priverait d'un secours, ou d'une occasion de fortune que réprouverait la justice; elle ne descend point à de pareils scrupules, et estime, au contraire, bon et légitime moyen tout ce qui peut servir son ambition. Sa morale dépend de ses intérêts, son esprit public est un esprit de lucre et d'avarice. Cette imitation même de patriotisme dont elle fait tant de bruit, ne saurait présentement avoir d'excuse honorable ; je tiens son plus beau zèle pour un anachronisme au moins de deux mille ans. Que chez les Grecs, chargés de conserver tous les germes de la perfectibilité humaine, l'amour de la patrie ait quelquefois pris un caractère de dévouement et de vertu, rien de plus juste; mais concevez-vous ce préjugé de la part d'un peuple qui n'a ni plus de lumières ni plus de civilisation que ses voisins, et qui ferait sans doute beaucoup mieux de leur emprunter d'autres sentimens? Vanter le génie mercantile des Anglais, n'est-ce pas tacitement approuver un lien funeste, source intarissable de haines et de rivalités odieuses? Eh! qui plus que la vieille Angleterre devrait rougir de ses mœurs barbares et de son aveugle patriotisme? N'y a-t-il pas encore chez elle une poignée de riches qui possèdent la fortune publique? une noblesse féodale qui joue au patriciat? une marine querelleuse et un peuple turbulent qui désolent l'univers pour échapper aux horreurs de la faim? Du fond de son île, comme d'un nid de pirates, elle porte la terreur aux extrémités du monde, met à contribution tous les peuples, et fait peser sur cent millions d'esclaves le sceptre sanglant de l'espèce destructive.

La société anglaise offre d'ailleurs quelque chose d'effrayant dans son organisation politique, et, s'il faut le dire, dans les rapports intimes qui se trouvent entre ses qualités d'espèce et la nature même de son gouvernement. On rencontrerait difficilement une forme sociale qui pût si bien correspondre aux instincts inférieurs de l'homme. Sa politique n'exprime pas seulement la dépravation des sentimens, mais encore de longues habitudes de fraude et d'artifice; c'est l'art de dénaturer la morale, c'est l'art de tromper avec autorité. Sous le vain prétexte de mettre les pouvoirs en équilibre, on établit d'abord une balance à faux poids, et puis les institutions, les lois, la liberté disparaissent comme par enchantement. Il y a au fond de la monarchie constitutionnelle une amère déception, une ironie sanglante qui suffisent pour découvrir son origine. Cette forme sociale n'appartient point à l'espèce conservatrice, elle ne pouvait naître que chez un peuple qui avait pris pour symbole d'espèce le léopard.

LA SOCIÉTÉ FRANÇAISE.

AUTRE VARIÉTÉ DE L'ESPÈCE DESTRUCTIVE.

« Loin de nous les anciennes mœurs ! dit la
« jeune France ; loin de nous cette civilisa-
« tion caduque, dont il ne restera bientôt plus
« de traces, Dieu merci ! Doctrines et prin-
« cipes, tout est refait à neuf, tout sent déjà
« son progrès ! » Et, en effet, le vieil honneur français a disparu avec sa franchise et sa loyauté, avec les sentimens généreux et chevaleresques qui formaient autrefois notre lien

social. Nous avons pris d'autres habitudes et un autre caractère; nous appartenons à une autre espèce.

La foi religieuse s'est anéantie d'abord, puis la foi politique, puis la morale, puis le patriotisme. Des victoires éclatantes et la volonté d'un maître absolu nous ont, à la vérité, quelque temps servi de doctrines et de lien : mais force nous est aujourd'hui de reconnaître qu'on ne substitue point impunément les hommes aux principes. Au moment de nos désastres, notre magnanimité naturelle était éteinte, notre antique dévouement avait fait place à de lâches intérêts, et la sainte-alliance pénétra facilement au cœur de l'Empire, parce que les vertus d'espèce nous manquaient, parce qu'il ne se trouvait, pour défendre nos frontières, que le faisceau délié d'un peuple sans convictions.

Or, on a ensuite appelé RESTAURATION ce gouvernement que nous rapporta d'Angleterre la maison de Bourbon, sous le nom pompeux de monarchie constitutionnelle, et qui n'est, comme nous l'avons dit, que le gouvernement de l'espèce destructive. Mais l'hypocrite auteur de la Charte, Louis XVIII, ayant affaire à un peuple qui depuis long-temps ne recevait que des leçons de servitude et d'égoïsme, sentit d'abord tout le parti qu'on pouvait tirer en France des sentimens inférieurs, et ne chercha plus à régner que par la ruse et la mauvaise foi.

Et il a néanmoins fallu, pour achever notre transformation sociale, que la révolution de juillet mît encore au jour de plus funestes instincts, et tournât tout entière au profit de la bassesse et de la cupidité. Dès lors, c'en a été fait pour nous de l'honneur et du patriotisme, et nous avons dû, prenant l'éducation à rebours, cultiver désormais l'intelligence au profit des sentimens inférieurs; ce qui, faute de progrès d'une autre sorte, a du moins cet avantage de rendre l'homme un peu plus à craindre que le tigre.

FAUSSES ESPÈCES INSTITUTRICES.

Un peuple n'est donc pas seulement classé dans l'espèce destructive à cause de ses instincts féroces, mais encore parce qu'il professe de pernicieuses doctrines qui corrompent la nature de l'homme et détruisent ses plus nobles facultés. Or, il s'ensuit que l'on doit également considérer comme variété de l'espèce destructive toute secte ou école qui, répandant des maximes funestes, favorise le désordre et mène les hommes à la barbarie. Ce n'est d'abord, si l'on veut, qu'un noyau, mais un noyau qui grossit, se développe et finit ensuite par transformer des peuples entiers. La chute de Rome nous en offre un exemple terrible. Elle date du jour où le peuple romain donna le droit de cité à cette espèce épicurienne dont la morale corrompue devait bientôt ouvrir aux barbares les portes de l'empire (1). Dès lors, il n'y eut plus de remède contre un aveuglement volontaire qui permettait d'enseigner ouvertement le matérialisme, et laissait étouffer le lien social sous de perfides doctrines d'égoïsme et de voluptueuse indolence.

La France peut aussi rapporter à de semblables enseignemens l'origine de ses longs malheurs, et les mesurer au progrès de cette philosophie destructive du dix-huitième siècle, qui renversa sur son passage principes et convictions. Sceptique, railleuse, impie, l'école voltairienne nous a laissé le funeste héritage d'une guerre insensée contre les plus nobles sentimens, et le germe de toutes les folies qui ont ensuite dénaturé notre caractère national. Tel est le degré de lumières où nous sommes descendus, qu'il n'y a plus que moqueries et

(1) « Je crois que la secte d'Epicure, qui s'introduisit à Rome « sur la fin de la république, contribua beaucoup à gâter le « cœur et l'esprit des Romains. Les Grecs en avaient été in- « fatués avant eux : aussi avaient-ils été plus tôt corrompus. » (MONTESQUIEU, *Grandeur et décadence des Romains*, ch. X.)

dédains pour celui qui croit encore à la morale et respecte l'autorité des croyances religieuses. L'esprit de Voltaire règne toujours en France, cet esprit audacieux et cynique, qui prépara chez nous le passage à l'espèce destructive. Voltaire se plaisait à la cour des rois, il recherchait leur faveur et briguait leurs distinctions, se souciant peu de la liberté, encore moins de l'égalité; ce n'est donc point à Voltaire *libéral* ou philosophe, mais à l'irréconciliable ennemi du christianisme que l'on continue de rendre un culte. Voilà le secret motif de l'affection toute particulière que lui porte encore ce peuple dont il a fait l'éducation d'espèce.

LIVRE III.

DE LA VÉRITABLE POLITIQUE DES PEUPLES, CONSIDÉRÉS COMME DES ESPÈCES.

I

QUE LES PEUPLES NE SONT LIBRES ET PUISSANS QUE PAR L'UNITÉ D'ESPÈCE.

Nul doute que les principes de transformation, lorsqu'ils seront mieux connus, ne deviennent la clef d'un nouvel ordre social; il suffit même, dès à présent, de considérer les peuples comme de véritables espèces, pour que toutes nos idées changent en politique. Nous démêlons aussitôt ce qu'il y a d'astuce et de fourberie dans cette science perfide, nous nous en séparons pour revenir aux règles du bon sens, et l'art de gouverner cesse d'être l'art de mystifier. Un peuple, par exemple, se trouve divisé, broyé, réduit en grains de sable, selon l'expression de Bonaparte; un peuple n'a plus d'autre lien que son avarice et la crainte du maître, quel intérêt prend-il à ses provinces? que lui importe qu'on les étende ou qu'on les resserre? On peut à tout instant déranger ses limites, varier sa circonscription; il ne s'agit que de le parquer. Mais imaginez, au contraire, des hommes liés par les mêmes mœurs et les mêmes sentimens, des hommes qui obéissent à un principe et représentent vraiment une espèce, et vous sentirez qu'ils ne feront pas aussi bon marché de leur patrie. On n'attaquera ni leur indépendance ni leur territoire, qu'un long cri de douleur n'appelle d'abord aux armes cette famille déchirée. Et soyez sûr que, si la mauvaise fortune la livrait aux misères de l'invasion, on ne verrait point, dans ses cités complices, les femmes, abjurant leur sexe, offrir des couronnes aux vainqueurs; de lâches écrivains les saluer de leurs pompeux éloges, et des généraux encore plus vils faire parade d'une défaite ou s'attribuer l'honneur de quelque trahison.

Or, pour marquer en toutes choses la supériorité des états que lie un principe d'espèce, nous dirons que partout où règne cette unité, la tyrannie aussi est impossible. Car, de même que la société tout entière se lève contre les ennemis du dehors, il n'y a non plus qu'un seul sentiment, lorsque la liberté est menacée au-dedans. Les meilleurs tribuns, comme les plus solides remparts d'un peuple, ce sont ses sentimens et son lien d'espèce.

II

ORGANISATION POLITIQUE DES ESPÈCES.

Du moment où les hommes éprouvent le besoin de se lier par des doctrines et des sentimens communs, nous devons considérer les espèces sociales, non comme de simples abstractions, mais comme des conséquences nécessaires de l'ordre naturel. Une grande diversité de principes peut varier à l'infini les mœurs et le caractère des espèces, mais cela même atteste, encore une fois, la nature supérieure de l'homme, cet être essentiellement libre, arbitre suprême de sa propre destinée, chargé de remplir à son gré le programme de la vie. Tout dépend de la combinaison de ses facultés avec le lien dont il fait choix. C'est ainsi que de l'intelligence exercée en vue du sentiment religieux se forme l'espèce créatrice; de l'intelligence exercée en vue de la morale, l'espèce conservatrice; de l'intelligence exercée en vue de l'intérêt, l'espèce destructive.

Mais on sent à combien d'autres besoins sociaux doit répondre, dans l'organisation politique, cette première loi d'espèce. Examinez d'abord la forme sociale de l'espèce créatrice, et vous verrez que, non contente de cultiver le sentiment religieux, elle veut encore, pour la gouverner, des prophètes et un Dieu législateur. Cette espèce, il est vrai, forte de son principe, jouit de l'inappréciable avantage d'exister par elle-même, pure et sans mélange. Il n'en est pas de même de l'espèce conservatrice, dont l'organisation politique réclame l'autorité d'un double lien. Elle ne saurait créer ni société, ni peuple sans le concours de l'espèce créatrice, qui forme comme le levain social de tous les états. Vous la retrouvez à Rome, en Grèce, dans les Gaules, dans la Germanie, chez les Perses comme chez les Indous, posant partout la première pierre des empires, et capable aussi de causer leur ruine par la seule altération de son principe. Je sais que notre siècle nie positivement l'utilité de cette espèce, et tend même à l'écarter de l'organisation sociale. Mais qu'on ne s'y trompe pas! ce ne peut-être que l'entêtement d'un peuple qui, déjà passé à l'espèce destructive, a vu s'éteindre tous les sentimens conservateurs, et marche droit aux abîmes.

Quant à l'espèce destructive, on sent que, par la nature même des choses, loin d'être appelée à constituer un peuple, elle ne peut exister en société que par voie de transformation, et aussi long-temps seulement qu'elle pourra se loger dans les débris de l'ancien édifice social. Cette espèce vit comme la flamme, en dévorant son propre aliment, et jusqu'à ce que le caractère d'égoïsme et de violence qui la distingue ait achevé de consommer sa ruine.

III

QUE LE PRINCIPE POLITIQUE D'UNE NATION RÉSIDE DANS SON LIEN D'ESPÈCE, ET NON DANS LA FORME DU GOUVERNEMENT.

Il suffit de rentrer dans l'ordre naturel pour considérer les choses d'une autre manière et pour se convaincre qu'il n'y a de différence réelle entre les peuples que dans le caractère même de leur lien d'espèce. C'est une erreur d'avoir imaginé des principes divers, selon la nature de chaque gouvernement; nos formes sociales, indifférentes en elles-mêmes, ne sont bonnes ou mauvaises que par les qualités du lien qu'elles expriment. Mettez en république ou en monarchie l'espèce conservatrice, elle saura s'accommoder également de ces deux gouvernemens et les forcer à admettre le même principe. Cette Rome monarchique, mère des Horaces, ne valait-elle donc pas la Rome des consuls? et les Tarquins avaient-ils moins fait pour sa grandeur, que ne fit ensuite le peuple-roi? Quittons les hypothèses et les faux systèmes, renonçons à ces ingénieuses distinctions entre l'honneur et la vertu, dont le moindre mal est de diviser inutilement les peuples. La France, sous ses anciens rois, appartenait aussi bien à l'espèce conservatrice, que Rome ou la Grèce. Il y a de ces gloires nationales qui parlent plus haut que tous les systèmes, et qui confondent toutes les subtilités. Lorsque je vois mettre en un rang inférieur à la vertu notre vieil honneur français, je me demande d'abord ce qu'un Romain des beaux temps eût fait de mieux que d'Assas; puis j'examine ensuite ce qui pouvait manquer à Lhôpital ou à Malsherbes pour jouer le premier rôle dans Rome.

Il ne faut donc avoir aucun égard à la forme sociale d'un peuple, mais seulement à son lien d'espèce. On se perdrait, sans cela, dans toutes les vicissitudes du pouvoir et dans la continuelle transformation des gouvernemens; on ne pourrait expliquer, par exemple, la différence d'une république à l'autre, souvent plus grande que ne l'est celle de la monarchie même à la république. Toute forme sociale est élastique de sa nature et peut facilement se plier à des principes contraires; il n'y a que le lien d'espèce auquel on ne saurait se méprendre.

IV

DANS QUELLES CIRCONSTANCES LE GOUVERNEMENT DESPOTIQUE DEVIENT NÉCESSAIRE.

On répète tous les jours, et l'on répétera long-temps encore, que la liberté n'est bonne que pour les petits états, et ne convient point aux grands. Mais c'est une de ces erreurs populaires qui court le monde avec les recettes de magie, et qui ne mérite guère plus d'attention. La liberté ne sied mal à un grand empire que dans le cas où la main du vainqueur aurait entassé pêle-mêle des peuples de mœurs et de liens tout-à-fait contraires. Alors, je conçois que ces espèces rivales préfèrent à la domination de l'une d'entre elles l'autorité despotique de quelque chef privilégié, qui, s'élevant au-dessus des liens et des sentimens particuliers, ne cherche qu'à établir une justice universelle.

La même chose doit encore arriver partout où règne la corruption, lorsque le véritable lien social, détruit et abandonné, commence à faire place à une multitude de liens nouveaux. Chez les peuples en décadence, on n'échappe que par le despotisme aux sanglantes rivalités d'espèces; c'est un gouvernement de trêve et de pacification qui les empêche de s'entre-dévorer. La difficulté n'est pas de gouverner une espèce, mais d'en faire vivre plusieurs ensemble. Voilà ce qui justifie le pouvoir absolu, et le rend tout aussi tolérable au milieu d'une société corrompue, que dans ces vastes empires fondés par la conquête, où il faut enchaîner les haines et les fureurs de cent espèces ennemies. Il n'y a, pour tout dire, que des mœurs nationales et une raison publique, fruit de l'unité d'espèce, qui puissent renfermer le pouvoir dans de justes bornes.

Je connais un peuple qui, depuis quarante ans, travaille à se donner des institutions et se plaint et gémit avec raison de ses inutiles efforts. La liberté n'est jamais plus loin de ce peuple que lorsqu'il se croit sûr de la posséder. Mais il a souffert qu'on altérât à leur source ses sentimens, qu'on détruisît son lien et ses croyances; et, tel est le nombre des espèces qui le divisent maintenant, que nous ne saurions, sans effroi, penser aux malheurs que causerait leur sanglante mêlée, ou le triomphe momentané de l'une d'elles sur les autres. Ce furent de semblables craintes qui valurent à

Tibère le titre glorieux de Père de la patrie et qui rendirent Néron lui-même cher aux Romains. De nos jours, les plus lâches usurpations n'ont pas eu d'autre motif et trouvent une excuse dans la nécessité. Or, on peut juger de l'excès du mal par la violence même du remède, et se convaincre que le despotisme, qui paraît d'abord sauver un état, ne sert qu'à le faire marcher un peu plus lentement à sa ruine.

V

D'UNE CERTAINE TOLÉRANCE PROPRE AU GOUVERNEMENT DESPOTIQUE.

On ne se doute guère que c'est à l'esprit de tolérance et de conciliation que le gouvernement despotique doit sa principale force. L'autorité ne devient absolue que parce qu'elle ménage avec art les différentes espèces et accorde une égale protection à tous les intérêts. Elle va plus loin, elle se pique de demeurer indifférente sur tous les sentimens, et d'observer à leur égard la plus stricte neutralité. Voilà pourquoi le gouvernement, parmi nous, a pris depuis long-temps le parti de tolérer la honte et le scandale, et de n'être sévère que dans sa propre cause, sentant fort bien tout l'avantage qu'il peut tirer de cette malheureuse indulgence. C'est encore par la même raison que l'on autorise toutes les doctrines, et qu'on déclare la loi athée; probablement pour être de l'avis de tout le monde et ne choquer personne. Et cependant il est un peuple assez insensé, assez ennemi de lui-même pour revêtir d'idées philosophiques cette absurde tolérance, pour lui donner le nom de liberté et en faire au besoin une condition de progrès et de perfectionnement, et ce peuple ne voit pas qu'il dégrade ses plus belles facultés et hâte le moment de sa ruine!

Supposez, au contraire, une société pénétrée de l'amour de son lien, forte de convictions et de sentimens généreux, et il ne lui viendra jamais à l'esprit de professer une tolérance qui exige le sacrifice même de son unité. Elle ne souffrira point que des germes nouveaux se développent dans son sein, ni qu'il se forme dans le même empire des espèces rivales pour la dévorer. Les exclusions, que toute espèce bien constituée prononce contre les individus qui changent de lien, sont pour elle un des plus puissans moyens de conservation; il n'y a sans cette intolérance aucun ordre social possible. Sous ce rapport, l'instinct des animaux, qui met entre certaines espèces une répugnance invincible, vaut beaucoup mieux que toutes les lumières de la civilisation actuelle, qui tend manifestement à empêcher de discerner l'homme de bien d'avec le méchant.

Du reste, notre complaisante philantropie, bonne seulement à favoriser l'espèce destructive, montre assez dans quel état de dissolution est tombée la France. Où quelque sage pensée domine, on ne garde point de semblables ménagemens, on ne traite point avec cette imprudente générosité l'ennemi du corps social. L'espèce destructive qui prêche la tolérance, agit dans son propre intérêt; c'est pour elle un moyen sûr d'arriver à ses fins. Lorsque nos habiles veulent faire la part des convictions ou des sentimens, ils ne se mettent jamais à la place de l'homme qui croit, mais toujours à la place de celui qui ne croit point. Voilà comme ils entendent la société. On fait table rase des croyances, on détruit le caractère d'une nation, puis on se plaint de ses mœurs et de son esprit public, quelle justice!

VI

DES RÉVOLUTIONS.

Lorsque dans un état, après avoir laissé se relâcher le lien des sentimens, on y tolère des haines et des rivalités d'espèces, il doit nécessairement s'ensuivre quelque grande et soudaine révolution. C'est, à proprement parler, le triomphe d'un lien nouveau, le passage d'une espèce à une autre; et de là vient que les révolutions, en général, annoncent la ruine des croyances et la corruption du corps politique. Cependant, il faut aussi considérer ce qu'il y a d'avantageux dans ces redoutables changemens, tenir compte du bien comme du mal, et ne pas condamner d'une manière absolue le principe des transformations sociales. Les mœurs peuvent quelquefois gagner à être modifiées, des sentimens plus nobles et plus généreux peuvent devenir le lien d'une espèce plus parfaite.

Mais, je l'avoue, il n'y a rien de plus rare que cette heureuse issue des révolutions; l'histoire est pleine, au contraire, des maux qu'elles traînent à leur suite. On croit améliorer la condition humaine, et l'on ne fait que troubler l'esprit des peuples. Une partie de la société a déjà renouvelé son lien, que le reste persiste encore dans les anciennes mœurs, et du choc de deux espèces qui ne diffèrent entre elles que de bonnes qualités, il en sort une troisième dont l'audace même assure le triomphe. Je veux parler de l'espèce destructive, forcée jusque-là de cacher son instinct funeste, mais qui n'attend que le signal des révolutions pour le développer avec violence. Elle imprime alors au peuple son humeur farouche, et le fait passer par tous les modes de destruction.

Ainsi nous avons vu la nation française, après un vain espoir de réforme, se déchirer de ses propres mains, cruelle et féroce qu'elle était jusqu'au cannibalisme. Nous l'avons vu se jeter avec fureur sur l'Europe désolée, la traîner en lambeaux à ses serres d'aigle, et puis, dans l'impuissance de continuer au-dehors ses ravages, achever, par l'hypocrisie, de déraciner les derniers germes de la probité publique. Si bien qu'il ne nous restait plus qu'à subir la honte d'une contre-restauration, pour voir la bataille s'engager entre toutes les infamies. Il faut renoncer à l'espoir de sauver un peuple où l'espèce destructive, divisée en nombreuses familles, et représentant l'égoïsme sous toutes ses faces, se fait à elle-même une guerre opiniâtre et terrible. Ce qu'on appelle anarchie, désordre, factions, n'est autre chose que l'état de querelle et de dissension de l'espèce destructive.

VII

DE L'INFLUENCE QU'EXERCE LE LIEN DANS LA PROPAGATION ET LA DURÉE DES ESPÈCES.

Si les espèces sociales sont quelquefois obligées, pour leur conservation, de retrancher du lien commun les individus qui tendent à s'en séparer ouvertement, nous n'oublierons pas non plus qu'elles tiennent en réserve de puissans moyens de propagation. Comme une société bien organisée doit ôter de son sein tous les germes de division, elle s'efforce, en revanche, de gagner au-dehors ceux que leurs sentimens, ou leurs dispositions naturelles peuvent lui faire espérer de confondre dans son unité. C'est étendre le lien de famille et multiplier l'espèce, c'est une véritable procréation. Rome, en accordant aux Barbares la qualité de citoyen, ne cherchait qu'à répandre l'espèce romaine par tout l'univers. Il en est de même, chez les chrétiens, de la conversion, regardée comme une seconde naissance; le catéchumène se dépouille du vieil homme, et date du baptême sa vie d'espèce.

Mais les Israélites avaient peut-être, comme peuple, imaginé le meilleur moyen de transformer les hommes. C'était de créer dans l'état une espèce intermédiaire pour les étrangers qui désiraient habiter parmi eux. Ils ne leur demandaient que d'observer la loi de nature, en ne manifestant point de sentimens contraires au lien national. De cette façon on les accoutumait à de nouvelles mœurs, on leur en facilitait en quelque sorte l'apprentissage, et lorsque les étrangers, déjà modifiés, sentaient se développer en eux l'israélite, il ne leur restait plus qu'à s'incorporer, par l'observation rigoureuse de la loi mosaïque, dans une espèce qui leur tendait les bras.

Je ne connais point de peuple qui ait porté aussi loin que les Juifs le caractère distinctif d'espèce. Ces hommes ne sauraient être comparés à nulle autre nation; leurs mœurs, leurs convictions, leurs vices comme leurs vertus, n'appartiennent qu'à eux. Il y a dans les écritures une plénitude de sagesse, une élévation de sentimens dont s'étonnera toujours le monde. Admirons surtout cette rare puissance de lien, qui a su, depuis quinze siècles que Juda erre au milieu des nations comme une faible proie, lui conserver par un prodige toujours nouveau son identité sociale. Tandis que l'espèce romaine a disparu, sans laisser après elle d'autre souvenir que ses tombeaux et des statues mutilées, les restes épars d'Israël ne cessent de se reproduire sur la terre, et nous reconnaissons encore un Juif à ses traits et à sa voix. Depuis long-temps, Israël n'a plus d'organisation politique, mais il remplit l'univers de ses colonies, et porte partout son type ineffaçable d'espèce.

Tel est le fruit précieux d'une rare unité de lien, et le signe manifeste de la plus haute conviction morale qui fut jamais. Pour que les peuples aient de l'avenir, il ne faut pas qu'ils éparpillent leur foi. La liberté de tout croire est la liberté de ne croire à rien ; où l'on met sur la même ligne tous les principes, il n'y a plus de véritable principe, et partant plus de nation. L'état, s'il veut être juste, dites-vous, accordera une égale protection à tous les liens, et paiera l'enseignement de toutes les doctrines ;

le mensonge, comme la vérité, aura sa part du budget. La chose, en effet, me semble commode; il ne reste plus qu'une difficulté, c'est de vivre.

LIVRE IV.

DE L'ÉDUCATION DES ESPÈCES.

I

DES PROGRÈS DES ESPÈCES ET DE LEUR PERFECTIONNEMENT SOCIAL.

Il est dans la nature des espèces sociales de se perfectionner. Quels que soient les résultats de la civilisation, l'homme commènce d'abord par en retirer d'immenses avantages. Sous ses auspices, la raison fait des progrès, le génie prend son essor, les sciences et les arts enfantent des prodiges. A Dieu ne plaise, cependant, que nous attachions plus d'importance qu'elles n'en méritent à ces hautes lumières, il faut avant tout faire l'éducation morale des peuples. Du moment où le lien des espèces est connu, cultivez leurs qualités essentielles, leurs affections, leurs sentimens, car ce n'est point l'intelligence qui fonde les empires et conserve les sociétés. On développe beaucoup trop maintenant les facultés de l'esprit; et, comme on les exerce au préjudice des facultés de l'âme, elles ne sont plus que l'instrument aveugle dont se sert notre ambition pour mener à bien de mauvais desseins. L'habileté qui n'a en vue que les richesses et le pouvoir, qui mûrit les trahisons et aplanit la route du crime, ne saurait être la marque d'une plus haute civilisation, et encore moins un gage de la prospérité publique.

Ce n'est pas seulement sous de vains prétextes d'ordre social que l'on abuse de ces lumières qui devraient éclairer la raison; dans les sciences, dans les arts, dans ce qui touche à l'industrie surtout, nos progrès ne semblent avoir eu jusqu'ici d'autre but que d'arriver à tromper plus sûrement. A côté de l'art qui perfectionne est l'art de tout dénaturer, et l'esprit a bientôt fait son choix. Les plus belles découvertes ne servent qu'à multiplier parmi nous le vol et l'impudence, le savoir n'est rien en comparaison du savoir-faire. Au lieu d'employer la science à des améliorations réelles, nous la détournons de son noble but, nous la rendons complice de toutes les fraudes industrielles et mercantiles, si bien qu'il me paraît impossible aujourd'hui de n'être point dupe de quelque perfectionnement, ou de quelque trait de génie. C'est que l'on ne fait point de progrès sans la morale, c'est qu'il n'y a de science vraiment utile que celle qui s'appuie sur la probité. Commencez par cultiver les sentimens d'une espèce, si vous la voulez rendre meilleure; donnez-lui des vertus et veillez sur sa raison, pour qu'elle ne tourne point contre elle-même ses plus belles facultés.

Mais ces conseils, il faut le dire, ne sauraient remédier à la perte de notre lien, ni sauver la France de sa ruine. Il y a chez les peuples en décadence des progrès de mauvais augure et des lumières sinistres : c'est comme la dernière lueur que jette une civilisation qui s'éteint.

II

COMMENT LE POUVOIR TEND A ENCOURAGER LUI-MÊME DES VICES QUE DEVRAIT COMBATTRE L'ÉDUCATION.

QUELLES que soient d'ailleurs les éminentes qualités qui concourent à former une espèce, il n'est pas rare de la voir mêler à son lien social des sentimens parasites, que doit se hâter de détruire une bonne éducation nationale. Chaque peuple a ses vices d'espèce contre lesquels il importe de le prémunir lui-même. Je ne sais quel fond d'inclinations cruelles gâtait dans Rome les plus admirables vertus, et donnait aux mœurs un caractère âpre et farouche. En France, c'est la vanité qui obscurcit notre raison et corrompt l'esprit public; elle étouffe les plus belles qualités, elle ne laisse à l'âme que des ressorts sans vigueur.

Quel avantage, par exemple, le despotisme n'en a-t-il pas su tirer, depuis trente ans, pour nous ployer à des volontés toujours plus odieuses, pour nous perdre enfin et se perdre avec nous? Titres, honneurs, dignités, voilà le grossier appât dont on s'est servi pour déshonorer le peuple, et le piége auquel se laissent prendre les plus belles résolutions philosophiques! Ne pourrait-on savoir combien de parchemins et d'aunes de ruban il en a déjà coûté à nos ministres doctrinaires? combien ce parjure? combien cette loi? combien cet assassinat?

Or, un gouvernement qui comprendrait sa véritable mission s'efforcerait bien plutôt de ramener l'espèce française à de nobles et généreuses convictions, que d'exciter notre puéril orgueil par toute cette bimbeloterie politique. Il préparerait des jours heureux à la nation, et elle pourrait vanter alors ses progrès et ses lumières. De vils instincts ne prévaudraient pas dans nos conseils, la patrie en larmes ne crierait plus vengeance. Mais n'est-ce pas folie d'espérer que le pouvoir prenne au sérieux l'éducation du peuple, et combatte ses vices et ses mauvais penchans d'espèce, pour lui créer une puissance morale? Nos habiles savent trop bien ce que rapportent les sentimens inférieurs, et le profit qu'en peut tirer le despotisme.

III

QUE LA LIBERTÉ D'ENSEIGNEMENT EST UNE CHOSE ABSURDE.

L'INCONTESTABLE supériorité que donne aux peuples l'unité d'espèce, et le bonheur qu'elle leur procure en même temps, nous font un devoir de chercher le meilleur moyen de la conserver. Et, d'abord, je n'en connais pas de plus puissant que l'éducation, qui doit être identiquement pour tous la même, sous peine de procréer à l'infini des espèces et des variétés d'espèces. Il n'y a plus, en effet, ni société, ni espèce véritable avec la liberté d'enseignement que réclame notre époque insensée. C'est vouloir un peuple d'échantillons, une ménagerie politique, un empire livré, comme les arènes des anciens, aux emportemens de tous les instincts furieux. Mais on ne vit point de haines et de combats, et les hommes se soucient peu d'une patrie qui ne les a pas su lier par de communes affections. Tout état, qui conserve encore quelque étincelle de raison, doit donc s'empresser de revenir à l'unité d'espèce par l'uniformité même de l'éducation, et ne point souffrir qu'elle reçoive des modifications particulières, sous de vains prétextes de liberté. Que cet état fasse justice de toute vanité qui sollicite le droit de tenir école, et qu'il ôte à de folles opinions le scandaleux privilége d'engendrer des espèces bâtardes ! Il y a, dans l'ordre social, des monstres que l'on doit priver de la faculté de se reproduire.

Les peuples qui ont montré le plus d'attachement à la liberté ne l'entendaient sans doute pas comme nous. Ils étaient loin de croire qu'elle donnât le pouvoir d'attaquer à sa source le principe de la vie sociale, et surtout qu'il fût permis de déshériter une espèce de ses mœurs et de son caractère. Il n'y avait sorte de respects, au contraire, dont on n'entourât le lien et ses principes, jusqu'à les déifier, jusqu'à leur rendre un culte public. Chaque société sentait de quelle importance était pour elle la conservation des mêmes sentimens, et elle les entretenait avec soin, jugeant qu'ils ne pouvaient subir le plus léger changement, sans altérer dans un peuple ses qualités d'espèce.

Cela nous explique pourquoi l'antiquité faisait de ses plaisirs une affaire politique, et s'appliquait si bien à régler tous les mouvemens de l'âme. L'homme, en effet, ne change guère de mœurs ou de sentimens, qu'on n'en puisse chercher la cause dans quelque émotion nouvelle; et de cette seule considération provenait apparemment le zèle que mettait la Grèce à veiller sur tous les arts, et en particulier sur les arts d'agrément. Des peuples si jaloux de leur liberté ne s'étonnaient point qu'on les empechât d'ajouter un pas à leur danse ou une corde à leur lyre.

Qu'eussent-ils pensé de nos docteurs en civilisation, de nos modernes apôtres de progrès et de perfectibilité, pour lesquels toute doctrine et tout enseignement sont bons? qui veulent que l'on puisse apprendre le mal comme le bien, et font dans l'éducation une place à l'athéisme comme à la théologie? Quel eût été leur mépris pour cet odieux système d'indifférence qui livre à la merci d'un méchant rhéteur nos plus nobles sentimens, le fait l'arbitre de toutes les croyances de notre vie, et lui permet de retrancher Dieu même de ses ouvrages avec plus de facilité que les anciens ne pouvaient changer une note à leur chant? Il y a dans la liberté de multiplier les espèces sociales, et dans la folie de faire des hommes de tous les instincts, un principe de mort auquel n'échappe point un état. Quoique par des routes différentes, tous les peuples arrivent à leur bas-empire.

IV

DU PEU DE SOIN QUE L'ON PREND DE CULTIVER LES VERTUS SOCIALES.

Je dirais à un peuple de sang-froid, capable encore de prêter l'oreille à quelque bonne résolution :

« Ne parlez pas tant, s'il vous plaît, de vos

« lumières, mais occupez-vous bien plutôt de « chercher la justice. Car l'unité d'espèce, qui « est l'âme et la vie des empires, ne se main- « tient que par ce sentiment. Eh quoi! vous « comptez par des académies vos rares progrès, « vous les comptez par vos sociétés savantes, « par vos établissemens industriels, par vos « expositions publiques et vos brevets d'inven- « tion, par tout ce qui se fait, en un mot, sous « les auspices de la fortune, et il ne vous est « pas seulement venu dans l'esprit d'ouvrir « une école où l'homme apprît à exercer le « sentiment divin sur lequel repose tout l'ordre « social! Il n'y a que la science du bien qu'on « ne professe point, la science qui enseigne à « être juste, sincère, désintéressé. On veut de « cette instruction qui mène aux richesses et « aux emplois, et l'on ne se met nullement en « peine de former le cœur de l'homme. Ce- « pendant la justice, chez les anciens, faisait « partie de l'éducation; elle avait ses cours et « ses enseignemens publics; et la jeunesse en

« étudiait les règles avec autant de soin qu'elle « apprend aujourd'hui le dessin et la musique.

« On se plaint, en France, des déceptions « du pouvoir, on l'accuse ouvertement de « fraude et d'imposture, et ce n'est pas de moi « sans doute qu'il attend une apologie. Mais à « qui la faute, si le succès couronne tant d'au- « dace? A qui s'en prendre de nos longs mal- « heurs, et de l'effroi plus grand encore que « nous cause l'avenir? N'est-ce pas vous, na- « tion corrompue, qui la prèmière avez parlé « de la morale sur le ton d'une railleuse indif- « férence? N'est-ce pas vous qui avez mis l'es- « prit de ruse et d'artifice au-dessus de la « noble franchise de l'âme, et qui, non con- « tente d'absoudre de vils intrigans, réhabi- « litez encore le parjure et la trahison? Ce sont « vos suffrages donnés sans conscience, qui, « jusqu'à présent, ont fait les mauvais gouver- « nemens; c'est votre lâcheté qui rend le joug « toujours plus insupportable. Oh! s'il s'agissait « d'intérêts privés, qu'on vous verrait bien au-

« trement difficiles sur le choix de vos repré-
« sentans ! Que de soins et d'embarras, quelle
« anxiété, quelle frayeur avant d'accorder
« votre mandat! Mais en politique la chose
« paraît toute simple, rien ne coûte moins à
« donner qu'une confiance sans bornes. L'ordre
« arrive de dépêcher quelqu'un vers Paris, et
« l'on envoie pour faire les affaires du peuple
« celui dont personne ne voudrait pour faire
« les siennes. »

C'est un mauvais moyen, pour ranimer le sentiment éteint de la justice, que de mettre en des mains impures le sort de la patrie. Une nation ne saurait courir plus vite à sa perte. L'intrigue et la fourbe, comme des exhalaisons funestes, viennent des provinces s'amasser sur la capitale, et produisent ensuite ces horribles tempêtes qui frappent et désolent le corps de l'état.

V

TRISTES CONSÉQUENCES DE LA DISSOLUTION DU LIEN MORAL.

Non seulement la pluralité d'espèces conduit les peuples au despotisme, mais nous dirons encore la même chose de la perte de leurs facultés supérieures, auxquelles ils ne peuvent renoncer sans tomber dans l'esclavage. Où le frein moral des sentimens et des convictions vient à disparaître, l'ordre ne se maintient plus que par la force matérielle et brutale. Ce que l'on faisait par penchant, on le fait désormais par crainte; au lieu de la persuasion, c'est la violence qui trace le devoir et enchaîne la volonté. Il ne manquait plus à notre siècle que de se réjouir de la chute des croyances, et de considérer l'abolition des sentimens élevés comme un signe de progrès et d'indépendance. La liberté que l'on cherche dans l'avilissement de l'homme est un véritable suicide.

LIVRE V.

QUE L'ANTIQUITÉ SEMBLE ELLE-MÊME AVOIR ENTREVU LE PRINCIPE DES ESPÈCES SOCIALES.

I

COMMENT DU CHOIX ENTRE LES ESPÈCES S'EN EST TOUJOURS SUIVIE LA HONTE OU LA DIGNITÉ DE L'HOMME.

On rencontre une foule de traits épars dans les livres des anciens, qui prouvent que l'extrême dissemblance de mœurs entre les hommes faisait déjà naître des idées de races et d'espèces différentes. Ils allaient même jusqu'à indiquer, par d'ingénieux rapprochemens, l'analogie qui s'établit entre les instincts des bêtes et ceux de l'homme corrompu, dont ils marquaient ainsi tous les degrés de perversité. Car, dans le principe, la métempsycose n'avait d'autre objet que d'exprimer la transformation qui s'opère en nous par le développement des sentimens inférieurs. Son dogme répond à ces propres paroles de l'Ecclésiaste (1) : « Dieu a voulu éprouver les enfans « des hommes et leur faire voir qu'ils se sont « rendus semblables aux bêtes. — C'est pour« quoi les hommes sont sujets aux mêmes acci« dens que les bêtes, et leur sort est égal. »

Nous trouvons encore, dans les Proverbes (2), ce portrait frappant de l'espèce destructive : « Il y a une race dont les dents sont « des épées, et qui s'en sert comme de cou« teaux pour dévorer ceux qui n'ont rien

(1) Chap. III, v. 18 et 19.

(2) Chap. XXX, v. 14.

« sur la terre, et qui sont pauvres parmi les « hommes. »

Plutarque, à son tour, donne les mêmes enseignemens, et nous montre ces instincts de la bête, dont parle l'Ecriture, conduisant partout les hommes au despotisme. « Ceux qui « estiment, dit-il (1), que le souverain bien « de l'homme consiste au ventre, et aux au- « tres endroits par où on jouit de la volupté, « ce sont ceux-là qui ont besoin de loi, de « crainte de fouet, d'un roi, et d'un prince et « magistrat qui ait la justice en la main, etc. » Puis, après avoir flétri Métrodore et les épicuriens, il ajoute : « Les lois ôtées, il y a des « ongles de lion, des dents de loup, des ven- « tres de bœuf, des cols de chameau, en tels « discours et en telles raisons de philosophie, « et, à faute de savoir écrire ou parler, les « bêtes enseignent et prêchent telles opinions « et telles doctrines par beuglemens, hennis- « semens, et braiemens, etc. »

(1) Contre l'épicurien Colotes.

Or, rien n'indique mieux que ce passage, comment l'homme fait lui-même son espèce selon les sentimens qu'il cultive, et aussi à quelles conséquences funestes l'expose sa dégradation morale.

II

QUE LES MOYENS DONT ON S'EST AUTREFOIS SERVI POUR EMPÊCHER LA DÉGÉNÉRATION DES PEUPLES FONT BIEN VOIR QU'ON LES CONSIDÉRAIT COMME DE VÉRITABLES ESPÈCES.

Le mélange des races a toujours été l'objet d'une attention particulière chez les peuples qui appartenaient aux liens supérieurs. Des sociétés de cette nature connaissaient trop bien l'influence du mariage dans l'ordre social, pour n'en pas faire une institution politique et religieuse. Les lois par lesquelles il était réglé avaient surtout en vue de prévenir des mésalliances d'espèce, et d'éterniser, si je puis ainsi dire, le caractère national, en ôtant aux hommes la faculté de dégénérer. Ces précautions que l'on apporte à maintenir les qualités de certaines races d'animaux, on en usait alors pour conserver dans toute leur pureté les principes et les sentimens des espèces sociales. On se montrait fort difficile sur les alliances étrangères, on ne souffrait pas que de continuels mélanges vinssent altérer un sang généreux, et détruisissent, à la longue, les mœurs et le caractère d'une nation.

Voilà pourquoi les peuples des espèces supérieures ne se mariaient presque jamais hors de leur pays; ils avaient une répugnance instinctive pour ces sortes d'unions, qu'ils regardaient comme honteuses et criminelles. Toute l'antiquité s'est entendue pour les défendre, et n'a point voulu qu'on pût nuire à la société par ce qui tient au principe même de sa conservation. Elle a fait preuve, en ce cas, de sa sagesse ordinaire, dont les règles et les maximes annoncent déjà la connaissance des lois d'espèce.

III

DE LA NOBLESSE.

Je ne dirai qu'un mot de la noblesse, c'est qu'elle a été d'une institution beaucoup trop générale pour ne pas dériver de quelque loi d'espèce. De même que chez les animaux, il a dû se rencontrer parmi les hommes des individus mieux organisés que les autres, d'une nature plus excellente, et possédant à un plus haut degré les qualités essentielles d'espèce; on leur a fait une place à part, on les a mis au premier rang dans chaque société, voilà l'origine de la noblesse. L'éducation aura ensuite perfectionné ces races d'élite; et, comme leur supériorité toujours croissante est devenue incontestable, chaque peuple a pris insensiblement l'habitude de chercher dans le corps des nobles un modèle parfait de tous les sentimens et de toutes les vertus. Je n'y vois rien à reprendre jusque-là; sous ce point de vue, la politique s'accorde parfaitement avec l'ordre naturel. Ne savons-nous pas quelle est, en effet, dans certains animaux, l'influence d'un sang généreux, comment ils se perfectionnent par la voie de la génération, et peuvent atteindre aux plus rares qualités par le soin qu'on prend de cultiver leurs races? Ce rapprochement est si vrai, que tous les voyageurs parlent d'une aristocratie de chevaux chez les Arabes, d'une noblesse de coursiers qui portent avec eux leurs titres et leurs généalogies.

Mais cette exubérance d'une espèce particulière dans l'espèce générale ne doit subsister qu'autant de temps que durent les qualités mêmes qui servent à la distinguer. Il est impossible que des priviléges établis pour l'utilité de l'espèce entière tournent jamais à son détriment. S'il arrivait que le corps des nobles vînt à démentir quelque part la supériorité de son origine, on sent que les distinctions que lui accorde l'état ne formeraient plus alors qu'un odieux contre-sens, et le pouvoir devrait se hâter de faire rentrer dans la grande famille sociale des membres isolés, qui la plupart, sans doute, ont besoin de croiser leur race.

IV

QUE LES PRINCIPES D'ESPÈCE SONT LA CLEF DE LA POLITIQUE.

On a pu juger combien de fausses idées rectifiaient ces principes, combien ils détruisaient de mensonges et d'illusions; nous ne sommes malheureusement pas au bout. Lorsque notre siècle, par exemple, affecte de croire à des progrès indéfinis, nous savons très bien, nous, que le monde ne va point en ligne droite, mais qu'il tourne dans un cercle aussi invariable que les lois d'espèce. Nous savons que les peuples, s'arrêtant dans la route de la civilisation, peuvent, en vertu de leur libre arbitre social, faire autant de pas en arrière qu'ils en avaient fait en avant, et marcher encore plus vite à leur ruine qu'ils ne couraient à la perfectibilité. Il ne faut pas oublier qu'un simple changement de lien suffit pour les faire reculer, qu'ils n'appartiennent que par leur propre volonté aux espèces supérieures, et n'en possèdent les éminentes qualités que sous la condition de ne pas déroger. Toute société finit par bâtir sa tour de Babel ou par descendre à son bas-empire qui n'est également, sous un autre nom, que le chaos et la confusion des espèces. Ainsi, l'on trouve, du siècle d'Auguste à celui de François Ier, ce long intervalle de dégénération, toute cette nuit du moyen-âge pendant laquelle sommeillèrent les grandes et belles facultés de l'homme !

C'est donc pour maintenir le plus longtemps possible les peuples au sommet de l'échelle sociale, que nous voulons l'unité de mœurs et de caractère, l'unité de sentimens, l'unité d'éducation, sans laquelle ne peut exister l'unité d'espèce. Il y a deux choses qui ne sauraient se rencontrer ensemble, les avantages de la vie sociale et une liberté individuelle absolue. Dans un état bien constitué, on ne laisse aux citoyens ni le droit de mésuser de leurs facultés, ni le pouvoir de les employer dans un sens contraire au but commun. Les sociétés se perfectionnent par l'éducation, mais par une éducation uniforme, par une éducation d'espèce, qui consiste à développer, dans de certaines limites, nos sentimens, et non à les irriter ; à leur donner une direction, et non à les détruire. Ce n'est pas empêcher un homme de regarder de travers, que de lui crever les yeux ; ce n'est pas non plus remédier aux préjugés de la superstition, que de faire des athées.

En effet, ne sommes-nous pas arrivés, de progrès en progrès, à douter de tout, même de la justice et de l'honneur ? Ne voudrait-on pas se persuader à soi-même que la règle des devoirs n'est point encore tracée, que la science des mœurs est encore à faire ? Eh quoi ! la morale, dès le principe, n'aurait point atteint le dernier degré de perfection ! La morale serait comme un art qui gagne et fait des progrès ? Mais tout nous dit, au contraire, que le cœur va de prime abord à la vertu ; qu'il est des sentimens qui ne grandissent point ; qu'on ne saurait être ni plus juste qu'Aristide, ni plus patient qu'Epictète. C'est à force de raisonner que nous avons tué la conscience ; c'est à force de vouloir remonter aux principes, que nous avons brouillé toutes les limites du bien et du mal. Que chacun prenne en gré d'établir la politique qui lui convient, de se faire des croyances particulières et une morale individuelle, rien, je l'avoue, ne me paraît plus séduisant; mais la nature goûte peu cette liberté, elle ne donne aux peuples que le choix du lien et de l'espèce.

LIVRE VI.

COMMENT ON RECONNAIT AUX MONUMENS DES PEUPLES L'ESPÈCE DONT ILS ONT FAIT PARTIE.

I

DE QUELLE MANIÈRE PERCE LE LIEN SOCIAL DANS LES DÉBRIS DES INSTITUTIONS ANCIENNES.

Si l'on pouvait toujours exhumer les lois ou les préceptes religieux d'un peuple, rien ne serait plus facile que de marquer sa place entre les espèces sociales. Mais la postérité, moins heureuse, ne rencontre, en général, que de faibles vestiges de cultes et d'institutions, dont l'étude même surpasse en difficultés la science de la numismatique. Et il est vrai de dire, qu'on doit tout attendre plutôt d'un de ces traits de lumière qui sillonnent la nuit des âges, et parviennent de loin à loin jusqu'à nous. De tels indices sont rares, mais ils sont décisifs. Ainsi, pour me représenter au juste le lien social des anciens Perses, je n'ai besoin que d'un seul article de leur liturgie.

« Il n'est pas permis, dit Hérodote (1), à « celui qui offre un sacrifice, de faire des vœux « pour lui seul en particulier. »

Généreuse défense! noble précepte! qui peint admirablement cet empire où l'on s'occupait avant tout de faire fleurir les sentimens de justice et de bienveillance.

Supposez, maintenant, que l'histoire ne vous eût fait connaître, de la fameuse Babylone, que la chapelle qui couronnait sa grande tour

(1) *Histoire d'Hérodote*, liv. I.

et le pieux usage auquel on la destinait, et dites si la dévotion dont je veux parler ne suffirait pas pour indiquer tout ce qu'il y avait d'infâme dans les mœurs des Babyloniens? vous n'êtes plus étonné qu'ils aient fait de la prostitution un dogme religieux, lorsque vous savez que leurs prêtres plaçaient dans cette chapelle un lit et une femme pour les plaisirs du dieu qui venait s'y reposer. Ce sont là de ces rites auxquels il n'est pas permis de se méprendre.

II

QUELLES LUMIÈRES PRÉSENTE LE CARACTÈRE PARTICULIER DES TRAVAUX D'UN PEUPLE.

Les Égyptiens, si habiles dans tous les arts, surent triompher de la nature même, et donnèrent au désert des monumens. On les vit, changeant de place les montagnes, semer de pyramides les sables de la Libye, et couvrir, pour ainsi dire, de colosses et de gigantesques édifices leur vaste empire. Mais à quoi bon ce luxe de stériles prodiges et de pompeuses inutilités? Quel avantage en peut tirer un peuple? Que lui importent ces immenses travaux, sans but d'espèce comme sans idée morale?

On doit croire que les pyramides ne furent élevées d'abord que pour ôter aux Égytiens le loisir de cultiver les plus éminentes facultés de l'âme, et pour leur faire perdre le rang qu'ils tenaient parmi les espèces supérieures. Chose remarquable! le tyran Chéops, avant de contraindre la nation à cet odieux suicide, commença par fermer les temples, et interdit les sacrifices (1). C'est qu'il n'y a pas, en effet, de plus sûr moyen pour avilir un peuple, que de le dépouiller du sentiment religieux.

(1) *Histoire d'Hérodote*, liv. II.

III

AUTRES TRACES QUE LAISSENT LES PEUPLES DE LEUR ESPÈCE.

Lorsque le temps a sauvé de l'oubli quelques-unes des maximes ou des sentences d'un peuple, nul doute qu'on ne doive y reconnaître d'abord son espèce et le caractère de son lien. Ce sont peut-être, avec certains usages dont l'histoire garde le souvenir, les meilleurs monumens à consulter.

Toutes les espèces sociales, on le sait, n'envisagent pas de la même manière les destinées de l'homme; mais, en les considérant d'après leurs sentimens particuliers, elles en infèrent des opinions et des préceptes si différens qu'il n'y a rien de plus opposé dans la nature. Ainsi, par exemple, l'image de la mort et ses terribles attributs, où les chrétiens puisent des inspirations de sainteté, les espèces inférieures s'en sont quelquefois servies pour s'exciter à la débauche. Le cercueil qu'elles faisaient porter autour de la salle du festin, et qui rappelait aux convives une triste et cruelle nécessité, les avertissait en même temps qu'on ne pouvait trop se hâter de boire et de se divertir.

Il y a une espèce qui dit : « La vie court « comme un char rapide. Dans peu nous ne « serons plus qu'un peu de poussière. Pour-

« quoi donc répandre sur la terre de vaines « libations ? Parfumez-moi plutôt pendant « que je vis encore ; couronnez-moi de roses, « et faites venir ma maîtresse. » Mais une autre espèce, interprétant différemment la briéveté de la vie, répond avec l'autorité de sa haute raison : « Le matin l'homme fleurit « et il est dans sa force : le soir on le coupe « et il sèche. — Le fil de notre vie est coupé « en un moment, et nous nous envolons. — « Seigneur, faites que nous comptions nos « jours, et que nous en connaissions la brié- « veté ; et nous appliquerons notre cœur à la « sagesse. »

Il n'est pas jusqu'aux tombeaux épars sur les ruines des empires, qui ne puissent également nous faire connaître à quelle espèce autrefois a appartenu une société. Les monumens funèbres des peuples portent tous l'empreinte de leur lien, ce sont de véritables pages de mœurs. Vous vous rappelez l'inscription sépulcrale de l'espèce patriote : « Erétriens

« de l'Eubée, nous sommes enterrés près de « Suses; hélas ! à quelle distance de notre « patrie. » Certes on n'en saurait rencontrer de plus touchante et de plus sublime, et pourtant vous ne la comparerez point à cette épitaphe chrétienne : « Arrête, passant, et con« sidère la fragilité des choses humaines. » C'est tout une autre philosophie : ici l'idée de la mort devient essentiellement morale; elle inspire des sentimens plus élevés, elle montre une espèce liée de plus haut.

LIVRE VII.

DES SIGNES EXTÉRIEURS AUXQUELS ON PEUT RECONNAITRE, DANS UN EMPIRE QUI A PERDU SON UNITÉ SOCIALE, LES DIFFÉRENCES INDIVIDUELLES D'ESPÈCE.

I

OBJET DE CE LIVRE.

Comme nous avons indiqué le caractère propre de chaque société, nous voulons maintenant faire connaître les espèces et les variétés d'espèces qui fourmillent dans un empire en dissolution. Il s'agit, au milieu du désordre général, de s'attacher fermement à la science des mœurs, d'étudier les secrets de l'instinct, d'en approfondir les phénomènes, et de consulter, comme un livre ouvert, les différences de l'organisation et de la physionomie. C'est la meilleure méthode pour fouiller dans le cœur de l'homme et mettre à nu ses desseins, pour apprendre à déjouer un ennemi, à démasquer un hypocrite, à se défier de tout le monde.

La nature crée les espèces sociales par le désir qu'elle inspire aux hommes de s'associer dans une commune pensée; ils se trouvent ainsi disposés à former un premier noyau qui grossit toujours, et finit par s'étendre aux dimensions de peuple et de nation. Mais ces mêmes espèces, se multipliant au-delà de certaines bornes convenables, nous les voyons perdre ensuite leur unité constitutive, et creuser cet abîme de sentimens et de volontés contraires où disparaissent les plus beaux empires. Voilà dans quelles circonstances il importe surtout de pouvoir découvrir les secrets penchans d'un homme, ses mœurs, son caractère, son espèce enfin.

II

INDICES TIRÉS DE LA FORME DE LA TÊTE.

On se doute bien que les différences peu apparentes, quoique très réelles, qui distinguent entre eux les hommes d'espèces diverses, ne sont pas de nature à frapper au premier coup d'œil comme celles qui séparent les espèces animales. Nous n'apercevons dans le monde, pour notre enseignement, ni ongles, ni crinières, ni bandes à la peau; les instincts féroces n'y vont point la gueule béante. Malheureusement, ces caractères manifestes nous manquent pour démêler l'espèce destructive de l'espèce conservatrice, et il faut que nous nous contentions de signes beaucoup moins certains.

Dieu a voulu que l'homme, qui possède une intelligence supérieure, s'en servît, non seulement pour apprendre à se connaître lui-même, mais pour deviner en quelque sorte ses semblables. Je ne vois point, en effet, d'étude plus profitable que celle des mœurs; et il en est de cette science comme de toutes les autres, que l'homme acquiert par des efforts incroyables et pour ainsi dire à la pointe de l'esprit.

De même que nous avons fait remarquer le phénomène des humeurs et des sentimens contraires, nous pouvons assurer qu'il existe aussi parmi les hommes différentes sortes d'organisations. C'est une vérité incontestable. La boîte osseuse du cerveau, modifiée par les fonctions cérébrales, suffirait seule pour indiquer l'espèce à laquelle appartient un individu. On peut y lire ses mœurs et son caractère, comme on lit un signalement sur un passe-port. Pour qui veut regarder avec attention, toutes nos facultés offrent des signes parfaitement distincts, des marques ou des enseignes auxquelles on ne saurait se tromper.

Ainsi l'espèce destructive ne peut non plus se déguiser dans le monde, que des loups ou des tigres au milieu d'un troupeau de moutons. Elle a sa forme de tête particulière, courte ordinairement et étroite du haut, quelquefois même terminée en pain de sucre, mais toujours remarquable par un très grand développement du crâne vers les oreilles, ce qui lui donne l'apparence d'une poire.

Plus large, au contraire, et plus volumineuse

à sa partie supérieure, une tête qui monte en s'évasant annonce les heureuses qualités de l'espèce conservatrice.

Supposez un nouveau degré d'élévation au sommet, et, en même temps, un plus grand développement des parties latérales de la région coronale, et vous aurez la tête de l'espèce créatrice.

Sans admettre toutes les vues du docteur Gall, on ne peut nier, du moins, que son système ne renferme de grandes et utiles vérités. La science phrénologique, en faisant toucher du doigt les instrumens que l'âme emploie dans ses manifestations, en induisant du volume même de nos organes et de leur développement extérieur les facultés qui prédominent dans l'homme, nous permet de donner d'une manière exacte le signalement des espèces sociales et de leurs variétés. C'est une admirable découverte, si nous savions en faire notre profit.

Avant que Gall et Spurzheim publiassent leurs savantes recherches sur les fonctions du cerveau, d'autres anatomistes avaient déjà cru reconnaître dans les protubérances du crâne certains indices de nos facultés. Il ne s'agit pour s'en convaincre, que de passer quelques heures avec les écrivains philosophes de la médecine (1). Depuis long-temps on en faisait l'objet des plus sérieuses études; et l'antiquité paraît elle-même avoir entrevu cette doctrine, dont nous retrouvons, au reste, des traces partout, et notamment dans l'opinion de Zenon (2), « que la principale partie de l'âme, « celle qui sert de guide et fait les imagina- « tions, les consentemens, les sentimens, les « appétitions, est logée, comme au milieu de « son monde, dans la tête ronde en forme de « boule. »

Mais, sans aller si loin chercher des autorités, j'engage à bien peser d'abord chaque mot de La Bruyère, lorsque, dans son chapitre

(1) Je pourrais citer un recueil publié, il y a plus de deux cents ans, sous le titre de *Perle de la philosophie*, où l'on trouve même une tête, au trait, avec des divisions numérotées.

(2) PLUTARQUE. *Des opinions des philosophes*, ch. XXI.

de l'Homme, ce profond moraliste dit : « Le « sot ne meurt point, ou si cela lui arrive se- « lon notre manière de parler, il est vrai de « dire qu'il gagne à mourir, et que dans ce « moment où les autres meurent, il commence « à vivre. Son âme alors pense, raisonne, in- « fère, conclut, juge, prévoit, fait précisément « tout ce qu'elle ne faisait point : elle se trouve « dégagée d'une masse de chair, où elle était « comme ensevelie sans fonction, sans mouve- « ment, sans aucun du moins qui fût digne « d'elle : je dirais presque qu'elle rougit de son « propre corps, et des organes bruts et impar- « faits auxquels elle s'est vue attachée si long- « temps, et dont elle n'a pu faire qu'un sot ou « qu'un stupide : elle va d'égal avec les grandes « âmes, avec celles qui font les bonnes têtes « ou les hommes d'esprit. L'âme d'*Alain* ne se « démêle plus d'avec celles du grand Condé, « de Richelieu, de Pascal et de Lingendes. » Or, si l'on convient que l'âme attachée à des organes bruts et imparfaits ne peut faire qu'un sot ou qu'un stupide, si, pour marquer un homme sans jugement, nous disons que c'est *un crâne étroit, un cerveau rétréci*, pourquoi ne distinguerait-on pas également à d'autres configurations de la tête les qualités morales ou sociales qui déterminent l'espèce d'un individu? pourquoi ne reconnaîtrait-on pas au développement de certaines parties cérébrales l'homme-renard ou l'homme-tigre?

En considérant les peuples comme des espèces sociales distinctes, nous avions dû penser que de l'opposition de leurs sentimens et de l'habitude où ils sont d'exercer des facultés contraires, il résulterait entre eux des différences d'organisation nationale. C'est ce que l'anatomie se charge de démontrer. « Il est « important, dit le docteur Spurzheim (1), « de considérer les têtes de différentes na- « tions, et de les comparer avec les caractères nationaux. On a eu tort d'admettre une « forme caractéristique d'après peu d'indi-

(1) *Observations sur la phrénologie*, sect. IV.

« vidus, tandis qu'une détermination de cette « espèce doit être fondée sur la généralité de « la nation, surtout chez les peuples civilisés. « Il y a des pays et des provinces où les habi- « tans ont les têtes plus alongées, plus courtes, « plus larges, plus étroites ou plus hautes, ou « telle ou telle partie du cerveau ordinairement « plus développée. »

III

EXPLICATION NÉCESSAIRE.

Certes, il n'est jamais entré dans mon esprit de dépouiller l'homme de son libre arbitre, pour le courber en esclave sous l'aveugle et pernicieuse influence de ses organes matériels.

Ils lui sont donnés pour le servir et non pour le dominer; l'erreur de quelques phrénologistes vient d'avoir cherché la cause dans l'effet. Notre liberté, fondée sur la pluralité même de nos facultés, demande en outre que l'homme puisse les exercer selon sa propre volonté. De cette manière seulement, il a la conscience de ses actions, et joue le rôle d'un être moral, autant par la direction qu'il imprime aux instrumens qui sont en son pouvoir, que par le choix qu'il fait entre les sentimens d'où dépend sa place dans les espèces inférieures ou supérieures.

Que l'habitude d'exercer plus particulièrement certaines facultés change d'ailleurs la forme de la tête, et cause au cerveau des développemens qui deviennent un signe caractéristique d'espèce, c'est ce que l'on ne saurait contester. Il en est de nos organes comme des bras du forgeron, qui se fortifient par l'exercice, et augmentent à la fois de volume et d'énergie. Tant de formes diverses que prend le crâne peuvent ne sembler aux yeux de l'ignorant que le fruit du hasard ou qu'un simple jeu de la nature; mais l'homme sage sait qu'on y trouve de véritables indices et d'utiles avertissemens. S'il est vrai, par exemple, que de toutes les espèces qui annoncent la dissolution de l'ordre social en France, la plus nombreuse comme la plus répandue soit précisément celle que dominent l'avarice et la fourberie, ne vous étonnez donc point de la quantité prodigieuse de têtes que vous rencontrerez larges du bas, proéminentes au milieu de la région latérale, et généralement déprimées vers l'endroit où se trouvent les signes apparens de la justice et de la fidélité. Lorsque les espèces inférieures croissent et se multiplient chaque jour davantage, il est tout naturel, en effet, que la forme particulière de leur cerveau devienne un type national. Et cependant, si nous avons perdu le beau caractère de tête où prédominait la région coronale, ce majestueux développement des plus nobles facultés de l'âme, vous n'essaierez point, à coup sûr, de le retrouver chez nos hommes d'état, parmi ces hautes puissances dont l'organisation funeste ne s'est jamais démentie.

Encore la France ne saurait-elle y porter remède. Nous nous sommes malheureusement fait des principes d'éducation, qui, par l'encouragement qu'ils donnent à nos organes inférieurs, doivent les rendre toujours plus exigeans et plus indomptables. Car, en admettant que l'homme soit libre de choisir une première fois son espèce, il ne faut cependant pas croire que sa volonté conserve toujours le même degré de puissance. Notre religion, qui a mis l'espérance au nombre des vertus, n'enseigne pas cette liberté illimitée, et de là vient apparemment que les plus savans docteurs ont parlé d'une impénitence finale et d'une grâce suffisante qui ne suffit pas. L'organisation physique, que nous pouvons d'abord modifier à notre gré, finit ensuite par se roidir, et elle trouve le moyen de nous lier aussi étroitement que si nous fussions nés sous l'empire de ses formes matérielles. Que dis-je ? Son influence s'étend sur nos propres enfans, sur toute une postérité à laquelle nous transmettons l'énergie des facultés, bonnes ou mauvaises, que nous avons le plus exercées. Quoique, dans notre opinion, ces dispositions organiques soient encore loin de dominer irrésistiblement, on ne s'en révolte pas moins, au fond, contre la cruelle destinée d'un individu qui, par le seul hasard de sa naissance, peut contracter des penchans et un instinct funestes. Mais il en est de la nature morale de l'homme et de son libre arbitre, comme de tant de mystères où s'égare notre faible raison. Connaissons-nous les autres secrets de la vie ? Connaissons-nous cette justice de Dieu, qui embrasse à la fois plusieurs générations, et rend les maladies mêmes héréditaires?

IV

AUTRE MOYEN DE DISTINGUER LES ESPÈCES SOCIALES PAR LA MIMIQUE.

Outre ce que nous ont appris les phrénologistes sur l'anatomie du cerveau, il résulte encore de leurs observations physiologiques que les gestes de la tête et du corps varient d'après le siége des organes qui sont en action. C'est ce qu'ils appellent la mimique ou le langage naturel. Ainsi, le docteur Spurzheim (1) nous fait remarquer lui-même que l'organe de l'amour-propre étant situé dans la partie postérieure et supérieure de la tête, ceux qui éprouvent ce sentiment portent la tête levée en arrière. Je ne sais où j'ai vu que l'homme artificieux penche habituellement sa tête de côté, et la laisse volontiers, en marchant, se balancer d'une épaule sur l'autre. Ce mouvement, qui a lieu dans la direction même du siége des organes de la ruse et de la cruauté, doit être, en effet, considéré comme un des signes caractéristiques de l'espèce destructive.

D'ailleurs, la mimique des espèces, aussi vieille que nos sentimens, me paraît d'une trop grande importance pour qu'elle n'ait pas dû servir de tout temps à éclairer les replis les plus cachés du cœur. C'est un moyen que

(1) *Observations sur la phrénologie*, sect. IV.

nous donne la nature de découvrir le fond du caractère, et nous voyons rarement les sages s'y tromper. Ainsi, saint Grégoire de Naziance et saint Basyle ne s'étonnèrent point de l'apostasie de l'empereur Julien, qu'ils avaient depuis long-temps devinée à sa démarche, aux mouvemens de ses épaules, à ses éclats de rire. Nous pouvons, quoique dans un sens contraire, citer également la conversion de saint Cyprien, dont Prudence compte pour la première remarque le changement de l'extérieur. En effet, la Bible, ce livre de toute science et de toute sagesse, où se manifeste le premier principe des espèces sociales, n'indique-t-elle pas jusqu'aux signes et aux gestes qui forment leur langage naturel? Et n'est-ce pas à cette source sacrée que les Pères ont eux-mêmes puisé la profonde doctrine qui les distingue entre tous les hommes?

On lit dans l'Ecclésiastique (1): « Le vête-« ment du corps, les ris des dents, et la dé-

(1) Chap. XIX, v. 27.

« marche de l'homme font connaître quel il « est. » Or, de cette première vérité découle, comme d'un principe fécond, tous les enseignemens et toutes les règles de mimique que renferme ensuite l'Ecriture-Sainte.

« La sagesse de l'homme, dit l'Ecclé-« siaste (1), éclate sur son visage, et elle en « bannit la fierté. »

« L'homme injuste, disent les Proverbes (2), « forme de noirs desseins en arrêtant ses re-« gards, et exécute le mal en se mordant les « lèvres. »

« C'est, dit encore ce livre (3), l'orgueil du « cœur qui rend les yeux altiers. — Le mé-« chant fait paraître sur son visage une assu-« rance effrontée. »

N'oublions pas non plus que Salomon avait désigné l'homme de l'espèce destructive, qu'il appelle l'*Homme de Belial*, par ce trait mar-

(1) Chap. VIII, v. 1.

(2) Chap. XVI, v. 30.

(3) Chap. XXI, v. 4 et 29.

quant (1) : « Il fait des signes des yeux ; il « frappe du pied ; il parle avec les doigts. »

Cependant l'art de distinguer entre elles les espèces sociales, non seulement par la forme du cerveau ou par les gestes de la tête, mais encore à l'habitude particulière du corps ou du visage, comme l'enseigne la Bible, devait nécessairement appeler notre attention sur les études de Lavater. Nous connaissons ses principes de physiognomonie, et l'examen de cette doctrine fera l'objet du chapitre suivant.

(1) *Proverbes*, ch. VI, v. 13.

V

SIGNES PARTICULIERS DE LA PHYSIONOMIE.

C'est parce qu'il jouit de la liberté d'appartenir à des espèces différentes, que l'homme peut, selon les facultés qu'il exerce, avoir une physionomie noble, heureuse, basse ou sinistre, chose que l'on ne remarque point chez les animaux. L'homme refait en quelque sorte son visage, et change aussi bien l'expression de ses traits que la forme de son cerveau. Ses sentimens, dans une activité continuelle, trouvent le moyen de percer au-dehors, et laissent après eux des traces sensibles qui sont comme la livrée des espèces. Ils se peignent, selon Lavater, dans des contours arrondis ou anguleux, dans le regard, dans l'arc sourcillier, dans l'expression de la bouche et du nez, dans la forme du menton, etc. Les premiers principes du système physiognomonique, au surplus, nous viennent d'Aristote, et, depuis lors, on n'a fait qu'enrichir cette science de remarques et d'observations nouvelles, qui, par les rapports qu'elles établissent entre les difformités morales et physiques, achèvent de constater l'influence de l'âme ou des sentimens sur les traits du visage.

Moins conjecturale et moins problématique, la phrénologie s'est attachée d'abord à la boîte osseuse, à la partie solide de la tête, et elle ne se propose rien moins que d'indiquer pour signes de nos facultés leurs propres instrumens. C'est au siége même de nos organes que la doctrine de Gall nous apprend à chercher l'homme. Or, on sent quel avantage doit obtenir, sur l'inspection toujours arbitraire des lignes d'une silhouette, le résultat formel et positif des plus savantes recherches anatomiques. Ici disparaissent tous les doutes, toutes les contradictions d'une science empirique; nul signe de nos sentimens qui n'en soit en même-temps l'organe, et ne doive en marquer le degré d'activité.

C'est pour cela qu'il faut restituer à la phrénologie non seulement ce qui regarde le cerveau, mais le front tout entier, pour se borner, dans le système physiognomonique, aux indices que l'on peut tirer des traits du visage, et particulièrement du profil de ses parties molles. Dès lors, l'étude de la physionomie acquiert un haut degré d'importance, et ne saurait être assez répandue; car elle joint à son utilité naturelle le moyen de corriger les observations qu'on aura déjà faites sur le crâne, et de déterminer exactement le caractère et l'espèce d'un individu. Si, au développement de certaines parties latérales du cerveau, vous avez cru reconnaître l'homme-tigre ou l'homme-renard, redoublez maintenant de défiance à la vue d'un menton pointu, d'une bouche fermée en arc, d'un œil à demi voilé par la paupière, d'un sourcil rude et en désordre. Et cependant, ne craignez pas moins l'homme au front sec et dur, au regard circulaire, au sourire désagréable; car ce sont de véritables enseignemens que donne la nature. La partie postérieure de la tête indique-t-elle, au contraire, un individu de l'espèce cynique? Des joues bouffies et fanées, des lèvres charnues et spongieuses, un menton flasque et à double étage, ne doivent plus vous laisser l'ombre du doute.

Lavater recommande de fuir l'homme dont

le regard et la bouche sont de travers, et le sont d'une manière frappante, avec un menton large et fort avancé, surtout lorsqu'il vous dit des politesses d'un air d'insulte mal déguisé (1). « Fuyez, dit-il encore (2), tout visage plein, « osseux, d'un jaune brun, à veines bleues, « sillonné, rempli d'expression, riche de ca- « ractère, à grands yeux, à lèvres fortes, ai- « guës, et qui s'approche de vous d'un air sou- « mis et adulateur..... L'adulation dans les « physionomies dures, la dureté dans les phy- « sionomies molles et douces, sont également « redoutables. »

Cette dernière observation physiognomonique, l'expérience ne la démentira jamais; et je pense qu'elle n'est pas moins utile à mettre dans notre mémoire, que le portrait même d'une des variétés les plus dangereuses de l'espèce destructive.

(1) L'ART DE CONNAÎTRE LES HOMMES PAR LA PHYSIONOMIE. *Quelques traits caractéristiques*, t. III.

(2) *Id.*, *id.*

VI

COMMENT LES TRAITS D'UN PEUPLE S'ALTÈRENT AVEC SES SENTIMENS.

Nous ne pouvions attribuer à notre âme la vertu de créer des espèces d'hommes différentes, sans chercher d'abord sur la face humaine les signes caractéristiques de ces mêmes espèces. La forme de la tête et ses protubérances suffiraient, sans doute, pour indiquer nos facultés; mais c'est dans les traits du visage que viennent surtout se peindre les mouvemens de l'âme, et que nous portons, comme malgré nous, la marque distinctive de nos affections particulières. De là résulte aussi pour chaque peuple cet air de famille, que lui donnent au-dehors le reflet des mêmes pensées et l'expression habituelle d'un sentiment commun à tous. Détruisez l'unité du lien, et il n'y a plus de physionomie nationale.

Avant que la France eût abjuré, pour de vils intérêts matériels, ses hautes croyances morales ou religieuses, il était facile de reconnaître, à la figure de ses peuples, la beauté même et l'élévation de leur caractère. Tout annonçait en eux une courageuse indépendance, tout répondait alors aux sentimens d'honneur et de justice dont ils faisaient profession. Comparez les nobles traits de ces Français d'un autre siècle avec le visage sec et mesquin des hommes de notre époque, et vous pourrez aisément vous convaincre que nous n'appartenons plus à la même espèce sociale. Il n'y a maintenant nulle expression de droiture dans nos têtes; elles manquent toutes de franchise et de générosité, et cela se fait d'autant mieux sentir, que l'on porte plus haut ses observations. Ce ne serait pas assurément l'auguste face de nos pères conscrits, qui imposerait à de nouveaux barbares! Les traits majestueux de l'ancienne race française ont disparu sans retour; on ne voit plus aujourd'hui que des physionomies de bourse ou d'antichambre, des figures sur lesquelles on lit bassesse, égoïsme, cupidité. Notre visage, en un mot, ne dément aucune de nos misères, et marque déjà le rang que nous occupons parmi les espèces inférieures.

VII

COMMENT L'HOMME DÉCOUVRE SON CARACTÈRE D'ESPÈCE DANS LES CHOSES MÊMES QUI SONT A SON USAGE.

Pour ceux qui craindraient de se fier à de tels indices, il faut cependant bien qu'ils sachent que non seulement dans l'homme, mais dans ce qui est encore à l'usage de l'homme, tout devient signe et caractère d'espèce. Son extérieur s'étend à tout ce qui subit l'ordre ou l'influence de sa volonté ; ce qu'il crée fait comme partie de lui-même. On peut juger des sentimens d'un homme par l'importance qu'il attache à certaines choses, par ses meubles, par ses bijoux, par le caractère de sa demeure ; ainsi que l'antiquité nous l'a fait remarquer, en comparant le palais d'Ulysse, qui était fortifié, avec celui de Ménélas, qui était d'un libre accès. Considérez les objets d'art, les peintures, les livres, les marbres, c'est toujours de la physionomie.

Si, par exemple, des vases de Sèvres vous montrent le Dieu des richesses épanchant son urne d'or, si vous rencontrez sur des jetons une corne d'abondance, ou cette devise que j'ai lue moi-même, LA SAGESSE FIXE LA FORTUNE, alors vous devinerez facilement à quelle espèce vous avez affaire. Ne regardez plus si le maître de céans a la tête large du bas, pointue du haut, s'il la porte en arrière ou de côté;

tout vous dit qu'il croit valoir beaucoup mieux que Socrate, qui ne s'entendait guère à faire fortune, et qu'il appartient infailliblement à cette variété de l'espèce destructive que l'on appelle monopoleurs ou banquiers.

La qualité des étoffes, au reste, dont nous faisons choix, et la manière de les porter, les cheveux, la barbe, tout ce qui sert de parure, doit passer pour de véritables signes. Il est aisé de pressentir l'espèce d'un homme à ses vêtemens, et de se former une idée de ses mœurs et de son caractère, comme on reconnaît d'abord certains animaux à la couleur de leur robe ou de leur poil. Notre livrée d'instinct, à nous, ce sont nos habits; voilà, si je puis ainsi parler, notre peau d'espèce.

VIII

LES ANTIPATHIES HUMAINES CONSIDÉRÉES COMME DES INSTINCTS D'ESPÈCE.

Il ne fallait pas moins que le système des espèces sociales pour expliquer ces mouvemens involontaires de l'âme, antipathiques ou sympathiques, dont on n'est pas toujours maître à l'abord d'un autre homme. Ce sont des avertissemens naturels, qui peuvent, au besoin, suppléer la science de la physiognomonie, sinon lui servir de complément. On doit à l'instinct d'espèce ces précieux indices; nous jugeons, en quelque sorte, des sentimens d'autrui par inspiration, nous semblons flairer les bonnes ou les mauvaises qualités.

Et, pour le dire en passant, ces soudaines défiances, ces salutaires antipathies, qui ne sont que la faculté de pressentir un ennemi, attestent encore la vérité du système social des espèces. Si la haine et la guerre qui divisent certaines espèces, entraient un peu moins dans les desseins du Créateur, sans doute que l'attaque ne les trouverait pas si bien disposées à la défense. « Quelle paix, dit l'Ecriture (1), « y a-t-il entre l'hyène et la chienne; entre « l'homme saint et le méchant qui a l'impu- « dence du chien ? » En effet, dans l'intérêt même des espèces sociales, et pour leur propre

(1) *Ecclésiastique*, chap. XIII, v. 22.

salut, il n'y a peut-être rien de mieux que ces alarmes naturelles de l'instinct en présence d'humeurs et de sentimens contraires.

Nous n'avons pas besoin d'ajouter que plus un homme tend à la perfection du lien et possède les qualités essentielles de son espèce, plus ses antipathies seront vives et énergiques. Il n'y a qu'une sotte imprudence, du reste, qui puisse faire dédaigner ces révélations intimes, auxquelles les animaux doivent eux-mêmes leur conservation.

LIVRE VIII.

APPLICATION GÉNÉRALE DES PRINCIPES D'ESPÈCE.

I

DE LA VRAIE POLITIQUE.

Cet ouvrage a pour objet surtout de rechercher les bases naturelles de l'ordre social, et de flétrir aussi, comme elle le mérite, une politique perfide qui s'obstine à ne voir dans les peuples que de grandes collections d'hommes, et prétend sacrifier à des intérêts individuels tous les liens d'espèce. Nous ne concevons de bon gouvernement, au contraire, que celui qui, traitant un peuple comme une espèce, l'empêche de dégénérer, maintient, par l'éducation, son principe d'unité, et le conduit à des progrès d'autant plus certains qu'ils seront le développement même des facultés supérieures de l'âme. Il suffit de considérer les peuples comme des espèces, pour que tout change de face, pour que la politique devienne loyale et sincère, que le pouvoir marche dans la vérité, et que le bon sens et la justice règlent ses conseils. La ruse et la violence dénotent toujours les mauvais gouvernemens; ce n'est point avec des soldats de police que l'on prouve aux peuples qu'ils sont heureux.

Mais où l'on a vieilli, comme en France, dans des querelles et des combats d'espèces, où l'égoïsme a brisé tous les liens, et étouffé la morale publique sous le poids de la corruption, ce sont moins les prospérités de la vertu qu'il faut montrer, que le mal qui est à nos portes et l'abîme prêt à nous engloutir. Dans les états corrompus, on touche plus d'hommes par l'image du péril, que par le sentiment de l'honneur. Aussi je ne poursuis point mon discours avec le vain espoir de ramener les Français à l'unité d'espèce, mais dans le dessein seulement de retarder pour eux le dernier terme de la dissolution sociale.

II

DE LA LIBERTÉ.

S'IL est vrai que la vie sociale des peuples réside dans l'unité d'espèce, on se demande comment ils pourraient jouir d'une liberté qui détruirait en même temps le principe de leur existence ? Le droit de créer dans l'état de nouvelles espèces ne saurait faire partie de la liberté individuelle, non plus que le meurtre ou l'adultère. Imaginez un troupeau d'animaux quelconques, dont on verrait les uns tout à coup devenir loups, renards, panthères, tandis que les autres se feraient daims ou chevreuils, et dites combien de temps vous pensez que ce troupeau resterait uni ! Ce qui dissout n'est ni progrès, ni liberté, on ne fait point un peuple avec des sentimens contraires.

Notre propre expérience, d'ailleurs, ne nous avertit-elle pas des maux inséparables de la pluralité d'espèces ? Ignorons-nous que de leurs querelles sanglantes, comme de leur continuel passage au pouvoir, naissent les plus mauvaises lois ; que dans leur mélange elles n'enfantent que des monstres, et portent elles-mêmes une main parricide sur cette liberté, mère aveugle, qui leur a donné le jour ?

C'est le malheur, en France, plutôt que la conviction, qui nous ramène au culte de la liberté. Je voudrais lui voir d'autres athlètes que les mécontens, un autre appui que le bras de l'espèce vaincue, qui n'apprend jamais à détester la tyrannie que du jour où elle ne peut plus s'en servir. En vain changerez-vous la forme du pouvoir, si vous ne changez aussi les cœurs ! Vous n'échapperez au despotisme d'une espèce, que pour retomber sous la domination de quelque espèce plus cruelle encore.

III

QU'IL NE SAURAIT Y AVOIR DE REPRÉSENTATION NATIONALE SANS UNITÉ D'ESPÈCE.

Je tiens, comme vous, en très haute estime sans doute le gouvernement représentatif, je l'appelle de tous mes vœux, et prétends bien en faire une des colonnes de la liberté;

mais à cette condition, néanmoins, que l'on rétablira d'abord l'unité d'espèce. Jusque-là, vous n'y gagnerez que déceptions nouvelles, fraudes, artifices, et malheureusement une espèce de plus, celle que créera le pouvoir pour opprimer toutes les autres. L'impudence de cette espèce est assez connue, sa cupidité, sa fourberie n'ont point de bornes. Vous la voyez, libre dispensatrice des richesses et des honneurs, étendre en tous lieux la corruption, dérober les suffrages, dérober le mandat national, et se vanter ensuite de représenter le pauvre peuple, à peu près comme le tigre ou le loup-cervier représenteraient les agneaux. Telle est en France l'hypocrisie du système représentatif, et cette hypocrisie tient à la pluralité même des espèces.

IV

DE LA LOI DE CONQUÊTE PARMI LES ESPÈCES SOCIALES.

QUAND une nation tourne contre elle-même ses propres facultés, et consent à dénaturer les convictions et les sentimens qui formaient le lien général, il faut s'attendre à voir disparaître de son sein les espèces supérieures. Leur mission étant désormais accomplie, le pouvoir passe dans les mains de l'espèce destructive, et prend un caractère de violence et d'oppression dont il ne se défait plus. Les peuples courent ainsi à leur ruine, et subissent la dernière conséquence de leur dégénération morale. Ils meurent comme êtres collectifs, comme espèces sociales, perdant leur individualité politique, leurs lois, leur langue et jusqu'à leur nom, pour revivre sous une forme nouvelle, avec d'autres sentimens et un autre lien. C'est ce que marque expressément l'Ecriture, lorsqu'elle dit (1) : « Un royaume est transféré « d'un peuple à un autre, à cause des injus- « tices, des violences, des outrages et des dif- « férentes tromperies que produit l'envie de « s'enrichir. »

Or, comme on ne peut supposer que la domination passe d'un peuple à un autre pour n'être ni plus sage ni meilleure, nous devons

(1) *Ecclésiastique*, ch. X, v. 8.

nécessairement en conclure qu'il s'agit ici d'une loi de conquête au profit des espèces supérieures. L'Ecriture n'a point en vue ces guerres entre princes voisins, ces conquêtes qui se font par ambition, mais la victoire définitive d'une espèce sur l'autre. Il serait même impossible d'expliquer différemment la chute des empires, qui suit toujours la dégradation du lien et marque le triomphe des mauvais sentimens. Tout royaume où domine l'envie de s'enrichir, et qui, par conséquent, n'exerce que les facultés de l'espèce destructive, doit être transféré à une espèce supérieure, voilà la règle.

V

QU'IL N'APPARTIENT QU'AUX ESPÈCES SUPÉRIEURES DE CONNAÎTRE L'HOMME.

L'ESPÈCE destructive hait par instinct les individus de l'espèce conservatrice, et cherche généralement l'occasion de les opprimer, mais sans comprendre leurs sentimens ni leurs convictions, non plus que les animaux ne sauraient deviner les hautes et belles facultés de l'homme. Dans l'ordre hiérarchique naturel, les qualités d'une espèce plus parfaite échappent toujours à la pénétration des espèces inférieures, et deviennent pour elles de véritables mystères. Ainsi, l'espèce destructive ne se fait point une idée de la justice; elle dédaigne la bienveillance, elle se rit de ces nobles et sublimes mouvemens de l'âme qui distinguent les espèces supérieures, et qu'on ne peut goûter sans en porter le germe dans ses propres sentimens. C'était en partant du même principe, que Xénophane confessait la difficulté de rencontrer un homme sage; car, pour en trouver un, disait ce philosophe, il faut être sage soi-même.

En effet, si dans l'intelligence des choses morales, le rang ni l'esprit ne peuvent suppléer l'élévation des sentimens, il suffit, d'un autre côté, d'appartenir à l'espèce supérieure pour arracher tous les voiles dont se couvre l'imposture. « Comme on voit dans l'eau « l'image de celui qui s'y regarde, disent les « Proverbes (1), ainsi le cœur de l'homme est « connu de l'homme prudent. » Et un peu plus loin (2) : « L'homme riche se croit sage ; « mais le pauvre qui est prudent le sondera « jusqu'au fond du cœur. » Selon nous, l'hypocrisie n'est que la fourbe d'un homme qui, appartenant à l'espèce destructive, feint les mœurs des espèces supérieures, sans en avoir ni les sentimens, ni les convictions. Or, c'est encore une loi d'espèce, qu'il n'y a point d'extérieur d'emprunt qui nous puisse tromper, lorsque le fond de notre âme est sincère.

(1) Chap. XXVII, v. 19.
(2) Chap. XXVIII, v. 11.

VI

QUE L'ON NE PEUT S'ABUSER SUR L'ESPÈCE QUI GOUVERNE EN FRANCE.

Gardons-nous surtout de croire à des paroles que démentent les mœurs, à de prétendues différences d'espèce qui ne sont qu'une enseigne de parti. Qu'importait à Rome des verts ou des bleus? Que lui importait laquelle de ces deux factions aurait l'honneur de perdre l'empire? Blancs ou tricolors, jésuites, constitutionnels, doctrinaires, je ne vois, sous ces différens noms, que des variétés funestes de l'espèce destructive, qui tour à tour ont désolé la France. Les choses apparemment n'en vont pas mieux parce que le tigre chasse la panthère, ou que l'hyène prend la place du loup.

Nous n'oserions affirmer que l'espèce conservatrice soit tout-à-fait détruite en France, mais nous disons que ses sentimens sont méconnus, qu'elle y vit sans crédit, sans honneur, sans profit pour l'état. C'est ce que l'on ne peut manquer de reconnaître, à la fatalité qui poursuit notre malheureuse patrie, à l'ascendant que prend l'espèce destructive, et au progrès de ses déplorables instincts, qui se montrent partout, dans nos lois, dans nos assemblées, dans nos conquêtes, dans nos révolutions et nos contre-révolutions. Il y a autour de nous comme un cercle de déceptions d'où l'on ne peut sortir. La France aurait besoin de se retremper dans de généreux sentimens, et elle est au pouvoir de l'espèce qui les tue; la France attend son salut des idées morales, et on lui fait une religion de l'égoïsme et de la cupidité; cherchez maintenant par quelle issue vous échapperez à la mort.

Que les hommes qui obéissent à de nobles convictions sachent donc se rendre justice à eux-mêmes; qu'ils cèdent vite et sans délai la place, et se tiennent pour avertis qu'on ne tolère plus leur espèce. Si votre âme recule devant une bassesse, ne comptez plus sur nos suffrages, car c'est à la lâcheté des sentimens que l'espèce destructive reconnaît les siens. Si comme artiste, si comme écrivain vous ne nourrissez, par de monstrueuses conceptions, la perversité de notre naturel, renoncez également à tout éloge et à toute protection. Dans d'autres temps la France aimait qu'on l'entretînt des hautes destinées de l'homme, de ses vertus et de sa grandeur morale; maintenant elle ne se plaît qu'aux hideuses peintures de la misère et de la dégradation humaines : ainsi le veut son changement d'espèce.

Tâchez, au reste, d'avoir affaire le moins possible à la justice, de peur que vous ne rencontriez, au fond de son équitable balance, trop de haines et d'antipathies d'espèce; tâchez surtout d'échapper au patriotisme furieux de nos anciens foudres de guerre, dont le plus grand talent est de se faire toujours de l'espèce qui possède le trésor. Et cependant je ne vous parle ni des piéges, ni des machinations infâmes dont vous entoure une insidieuse police, l'ongle rétractile du pouvoir! Dérobez-lui sa proie, retirez-vous à l'écart, hommes des sentimens généreux! Le crédit et l'autorité ne doivent-ils pas aller à ceux qui ont mission de tout perdre et de tout ruiner? On a tout fait pour nous livrer à l'espèce destructive, et bientôt la France ne sera plus que l'écho de ses affreux rugissemens.

Cependant suivez-moi, et vous verrez de plus près encore ce qui se passe à une époque de dissolution sociale.

FIN DE LA PREMIÈRE PARTIE.

DEUXIÈME PARTIE.

Dissolution sociale d'un peuple.

LIVRE PREMIER.

LA FRANCE BAS-EMPIRE.

I

DE LA FRANCE ET DE SON GOUVERNEMENT.

NE me parlez ni de la constitution d'un état où il y a toujours à refaire, ni d'un gouvernement qui se brise à tout instant dans la main des peuples; nous renverrions à l'horloger mal habile la montre qui n'aurait pas de meilleurs ressorts. Oh, la belle machine politique que règlent sans cesse le caprice et la mauvaise foi ! Rare prodige que nous devions tant admirer, et qui n'a non plus forme de gouvernement que nous n'avons nous-mêmes face et vertu de nation. Trève, s'il vous plaît, de complimens et d'hypocrisie ! montrons-nous tels que nous sommes dans le fond, race cupide et insatiable, gens d'intrigue, cabaleurs de profession, ne prisant que le vice, n'honorant que la richesse, nous prostituant pour un emploi, pour un titre, pour un bout de ruban ; criant à qui nous veut ouïr que l'esprit humain est en marche, et reculant à toutes jambes jusqu'au Bas-Empire. Capables de briser en un jour trônes, rois et dynastie, voilà que le lendemain, aux pieds d'un maître, nous revenons de nos fureurs comme de colère d'enfant. Qui ne nous a pas vus constamment opposés à nous-mêmes, appelant à notre secours la raison et décidant de tout par la force, posant des principes et niant leurs conséquences ; toujours prêts à nous débarrasser de cette fange impure qui s'élève à la surface de la société, et ne comprenant pas que la nation elle-même finira tout entière par se résoudre en écume ?

C'était aux jours de la Terreur une prophétie répandue dans le peuple, que l'on monterait bientôt en France sur les plus hauts clochers pour apercevoir un chapeau. Cette prédiction se trouverait juste maintenant pour peu qu'il s'agît du chapeau d'un homme de bien.

II

CADUCITÉ SOCIALE.

Il n'est peut-être pas de signe plus certain de la décadence d'un empire, que cette vaine subtilité d'esprit qui vient comme la rouille consumer les peuples au déclin de leur vie.

La raison perd toute sa clarté, l'intelligence s'égare dans un inextricable labyrinthe de sophismes et de tracasseries, et ne trouve plus pour en sortir que des chemins sans issue. Tantôt c'est la religion, tantôt c'est la politique que gâte le petit esprit. Il dénature nos plus belles croyances, il se mêle à toutes nos opinions pour les pervertir; et ce que l'on prend pour des progrès n'est que l'état violent et désordonné d'un peuple qui a déjà perdu le contre-poids moral de ses sentimens. Alors nous tombons dans la sottise et la puérilité, dans une manie d'absurdes théories et de définitions plus absurdes encore; nous sommes ou des Grecs qui disputent sur la lumière du Thabor, ou des Français qui se perdent dans les arguties de la *gouvernementabilité*.

Notre foi constitutionnelle a aussi ses casuistes qui la corrompent par des questions oiseuses. Elle a ses dévots et ses fanatiques, qui nous font du bas-empire avec l'insoluble pondération des trois pouvoirs, comme on en faisait à Constantinople avec le dogme de la Trinité. Qui a assisté au vote quinteux de nos lois et de nos budgets, qui a vu de graves orateurs disserter sur la légitimité et la quasi-légitimité, sur le dogme monarchique d'un roi qui règne et ne gouverne pas, se quereller pour un mot, pour une conjonctive, pour un point ou une virgule, tandis qu'ils laissent de toute part démolir nos institutions et nos libertés, ne doit plus s'étonner de la folie de ces Grecs schismatiques plus occupés d'embrouiller un point de doctrine que de sauver l'empire.

III

RÉVOLUTIONS DE PALAIS.

Rien n'avance plus la dissolution d'un empire, que ce continuel changement de princes, qui déshonore la vieillesse des peuples. La politique se réduit toujours à une question d'hommes, lorsque le cœur cesse de battre sous l'influence des sentimens généreux, et il n'en faut plus attendre aucun soulagement. Hier encore, la restauration nous imposait ses petites dévotions, son régime étroit et superstitieux, que l'on eût pu prendre pour la bigoterie des Paléologues, ces Bourbons de Constantinople; ce sont aujourd'hui de nouveaux sophistes, plus audacieux et plus criminels, qui nous font, à leur tour, passer par d'autres impostures et une autre démence.

Mais les princes, ressemblassent-ils tous au vieux Andronic Comnène, le Néron des Grecs, ne sauraient long-temps résister à ces violentes secousses de l'esprit humain en délire. La couronne va se brisant en France dans les mains de tout le monde; nous verrons par la suite les règnes encore plus courts, et les tombeaux toujours plus rares à Saint-Denis. L'histoire marque ainsi la fin de ces vieilles sociétés repues de civilisation, de ces peuples livrés aux témérités de l'esprit, hébétés de science, dépourvus de sentimens, blasés sur toutes les vanités, devenus également incapables de commander et d'obéir. Chez les Grecs du bas-empire, on désignait par quelque surnom particulier les princes qui naissaient dans le palais impérial; bientôt il faudra créer en France un autre titre pour ceux qui auront le hasard de mourir sur le trône.

IV

CARACTÈRE DISTINCTIF DE NOTRE BAS-EMPIRE.

Durant le cours d'une longue agonie, les Grecs avaient si bien fixé leurs regards vers le ciel, qu'ils les en détournèrent à peine pour voir tomber Constantinople. Des querelles religieuses absorbaient toute l'attention de ces peuples, la théologie était devenue leur rêve de mort. Voilà de grandes misères sans doute; on croit avoir tout dit en nommant le bas-empire, et cependant l'esprit de vertige dont nous sommes tourmentés n'a pas même l'excuse d'une aussi généreuse erreur. Notre religion à nous c'est l'argent, c'est l'égoïsme; nous n'avons en vue que des intérêts matériels, nos débats ne portent que sur l'orthodoxie financière. Lorsque les mystiques de perfectibilité parlent de progrès et d'améliorations, souvenez-vous qu'il n'y a dans le fond de leur âme ni une conviction ni une seule pensée morale. Il en sera bientôt en France de la pauvre liberté, comme de la religion chez les Grecs, où l'on ne cherchait qu'à l'embrouiller par toute sorte de controverses et de subtilités. Ne voyez-vous pas de même la foi libérale interprétée par les plus lâches suppôts de la tyrannie; et ceux-là se croire infaillibles, qui, sortis de l'embuscade révolutionnaire, n'ont fait grâce à leur malheureuse patrie ni d'une trahison ni d'un assassinat? Insolens rhéteurs d'une époque de corruption, ils se plaisent à faire aussi contre le bon sens une guerre de controverse et d'écritoire; ils ont, comme les dévots, leurs gloses et leurs explications pour tout obscurcir et tout dégrader. Non, nous ne valons pas mieux que les Grecs d'Andronic ou de Justinien!

Et je n'oserais proclamer la décadence de ma patrie! Et l'on me ferait un crime de comparer nos misères avec les misères du bas-empire! Mais là, du moins, je trouve encore des hommes, un Bélisaire, un eunuque Narsès qui seul effacerait tous nos eunuques politiques. Cherchez donc, parmi nous, de pareilles renommées, et surtout des gloires aussi pures! On s'afflige avec raison de voir les barbares appelés dans Constantinople à la défense du trône, et cependant on sent qu'il était encore moins honteux d'employer le bras des Huns ou des Suèves, que de lever au cœur de l'état ces hideuses légions de la police, chargées maintenant d'exterminer les citoyens. Depuis qu'il s'agit de perfectionnement, c'est l'espionnage surtout qui a pris une importance nouvelle; si bien que l'état est aujourd'hui dans la police, comme il était autrefois dans l'Eglise. La défiance a formé de tous les artisans de corruption un rempart vivant, une armée formidable, bivaquant dans nos rues, campant à nos portes, assiégeant nos maisons, nous tenant jour et nuit l'épée sur la gorge. Cette odieuse milice va tête levée; on lui a donné rang dans l'état, on a fait son éloge en pleine tribune.

V

COMMENT LE PETIT ESPRIT CORROMPT LES PRINCIPES MÊMES QU'ON VEUT ÉTABLIR.

La maison de Bourbon, à l'ombre de sa légitimité, n'avait en quelque sorte besoin, pour régner sur nous, que de ranimer les sentimens et les délicatesses du vieil honneur français. Il lui suffisait de s'attacher fermement à ce lien d'espèce qui donne à la fois des hommes courageux et dociles. Mais les princes de cette race, n'écoutant que la voix de l'intrigue, et se faisant novateurs à leur manière, ont, par d'absurdes infatuations, causé la ruine même des principes qu'ils invoquaient.

A ne parler ici que de la protection dont ils couvraient le jésuitisme, imagine-t-on, par exemple, rien de plus contraire au sentiment du véritable honneur, que ces doctrines ultramontaines qui enseignent l'art du parjure et le secret des restrictions mentales ?

La restauration, toujours plus aveugle, ne voulut même pas souffrir cette franchise et cette vérité dans le discours, qui font, dit Montesquieu (1), qu'un homme dans la monarchie paraît être hardi et libre. Mais la plupart des royalistes durent s'en abstenir, et dissimuler jusqu'aux apparences du patrio-

(1) *De l'Esprit des lois*, liv. IV, ch. II.

tisme, sous peine de passer pour des *révolutionnaires.*

Enfin les préventions allèrent si loin, on se prit tellement de haine pour ceux qui montraient encore une généreuse indépendance, qu'il ne resta bientôt plus du côté du pouvoir ni un homme de sens ni un noble caractère.

Le mal que nous a fait Charles X avec ses petites dévotions est incalculable. De la même main dont ce prince semait l'hypocrisie, il a achevé d'éteindre en France le sentiment religieux. Sous les empereurs grecs le désordre naissait, à la vérité, de l'abus des convictions; mais dans notre bas-empire il vient plus malheureusement encore de l'excès contraire. Il n'y avait point de question d'état que l'on ne réglât à Constantinople par la superstition; il n'y en a point aujourd'hui que ne gâte l'esprit fort. C'est en toutes choses que nous sommes matérialistes et athées; nous ne croyons non plus à nos institutions qu'en Dieu, nous nous soucions aussi peu de nos lois que de notre âme. Les Grecs, dans l'opinion qu'ils se faisaient de la Providence, négligèrent beaucoup trop les affaires de ce monde; nous, au contraire, faute de croire en une autre vie, nous nous jetons avec fureur sur le présent. Comme on se perd par une dévote incurie, on se perd aussi par une insatiable préoccupation de ses intérêts.

La foi de nos pères, guide infaillible, nous avait également préservés de la superstition et de l'athéisme. C'est maintenant contre le plus funeste de ces écueils que doit se briser le vaisseau de l'état.

LIVRE II.

CYNISME POLITIQUE.

I

LA FRANCE TELLE QUE L'A FAITE L'ESPÈCE DESTRUCTIVE.

Allons, courage, hommes de ruine et de destruction, briseurs de principes, démolisseurs de sentimens! allons, poursuivez votre tâche, obéissez à votre instinct fatal! Et si la hache acérée du progrès ne suffit point à votre impatience, faites jouer la mine de quelque conspiration nouvelle, d'une de ces révolutions de palais qui ouvrent la brèche à tous les crimes et laissent partout l'infamie planter son drapeau. J'en atteste juillet et sa grande semaine, où le sang du peuple fut si généreusement versé! Que lui reste-t-il de ce beau triomphe, sinon d'avoir encore été dans des mains perfides le coin dont on se servit pour pénétrer au pouvoir et frapper au cœur la liberté? On nous a ceints du bandeau qui aveugle les rois, c'est la seule part de souveraineté qu'on ne nous conteste point. La corruption, semblable au déluge, a ouvert de toute part ses homicides cataractes; elle submerge la société dans un océan de crimes et de lâchetés, elle l'engloutira tout entière. Il n'y a plus pour nous sauver ni cèdres ni montagnes; la honte et le déshonneur ont atteint les hauts lieux, l'infamie couvre de sa fange impure les dernières cimes de l'ordre social.

Je sens à la fin mon âme se briser sous le poids de tant de misère, je me tordrais volontiers comme Laocoon enlacé de serpens. Folie d'espérer un meilleur destin! Le temps est passé des généreux efforts; l'homme de bien doit mourir à la peine. Eh! lorsque le pouvoir lui-même, déchu de sa noble mission, ne se fait sentir que par d'odieuses pratiques, lorsqu'il ne vit plus que de mensonge et de fourberie, n'est-ce pas le signe trop certain de notre ruine et de la sienne? Vous rencontrez encore l'apparence de l'ordre, des lois, des magistrats, une force publique; mais c'est comme aux enfers, où les démons jouent aussi à la monarchie, dressent un tribunal, et façonnent à leur manière des grandeurs. Qu'un nouveau caprice leur passe dans l'esprit, et la troupe aussitôt, se prenant à rire de ses imitations sacriléges, renverse le théâtre, frappe au visage rois et juges, pour disparaître dans l'abîme. Voyez ce qui est sorti de la fournaise de juillet, où tout l'ordre social remis en question bouillonne à plein bord, et dites s'il y eut jamais plus ignoble déception ! Gloire, liberté, patriotisme, tout est aujourd'hui mensonge et comédie de démons; nous ne semblons avoir des chefs que pour nous tromper, et des institutions que pour nous avilir. C'est à qui prendra rang dans l'état, pour se vendre et nous vendre en même temps ; il y a un besoin de trahir qui saisit tout cœur d'homme et corrompt toute politique, une soif de richesses qui fait incliner le pouvoir à toutes les infamies. Peu de gens en sortent qui ne laissent après eux une longue trace de sang et de boue.

Et, pour corriger le mal, on nous donne des pairs par ordonnance, des députés par intrigue ; on transforme nos chambres en de véritables places d'armes, où chaque souverain, à son tour, met garnison. Admirable effet de la mystérieuse pondération de ces deux grands corps de l'état, chargés de former avec le pouvoir royal le tricycle constitutionnel ! Frémissez d'épouvante, vous qui avez pesé l'honneur et la probité de nos hommes d'état, vous qui connaissez les maximes secrètes de leur politique et le point de départ de leur élévation. Nul frein ne saurait enchaîner leur impudence. Ils passeront des ateliers de la révolte dans les arcanes du despotisme, des manœuvres de la sédition aux artifices de la tyrannie, cherchant toujours au fond d'un complot de l'argent et du pouvoir.

Voilà de quelle façon l'espèce destructive entend l'art de gouverner, et s'achemine, dans notre France, vers le conseil d'état, le ministère ou la pairie. Que lui importent, en effet, nos institutions, nos droits, et cette liberté même dont elle a toujours le nom à la bouche? Pour les siens, c'est le mot d'ordre, ou plutôt le coup de sifflet qui les appelle au pillage. Leurs progrès et leurs lumières sont des embuscades de grand chemin; ils ne caressent le peuple que pour lui mettre le poignard au cœur, ils ne veulent d'une patrie que pour l'asservir et la ruiner.

II

L'ORGIE.

Il ne s'agit point ici de quelque méchante débauche de taverne ou d'estaminet, asile ordinaire de la licence, mais de ce qui s'est gaiement passé en de somptueux hôtels, sous des lambris dorés, parmi les hautes lumières de la banque et du libéralisme. Je veux prendre sur le fait nos soi-disant patriotes, vous montrer de si rares vertus à l'œuvre, et rapporter, en quelque sorte, les premières ouvertures d'un complot qui tiendra sa place dans l'histoire. L'orgie brillante dont nous parlons eut lieu vers la saison privilégiée où renaissent, en France, les fleurs et les révolutions.

La conversation, après avoir quelque temps plané dans les hautes régions de la politique, lasse enfin de ce vol d'aigle, était retombée au terre à terre de l'épigramme et des joyeux propos. A mesure que l'on versait le champagne, les convives, mettant toujours un peu plus à découvert l'humaine nature, redoublaient de franchise et d'ingénuité, et se livraient sur leurs professions diverses aux plus étranges aveux, aussi bien que sur leur propre caractère et sur les caprices mêmes et les fantaisies dont s'était parfois nourri leur esprit. Il y avait à ce banquet de graves historiens, des poètes, des avocats, des banquiers; et ce n'est pas chose peu curieuse que ce qui s'échappa de ce grotesque inventaire de consciences, lorsque chacun vint à fouiller dans ses rêves d'ambition. L'un, par exemple, mettait bien au-dessus du vaste génie de Napoléon sa stérile et méticuleuse prudence de doctrinaire; l'autre eût à peine voulu signer le *Contrat-Social* ou l'*Esprit des Lois*. Celui-ci, malgré son pur *libéralisme*, se fût volontiers accommodé des douceurs de la vie féodale; celui-là, le plus *carbonaro* de tous, ne parlait qu'avec enthousiasme du bonheur de naître sur le trône. Sur quel devis, certain poète, dont le cynisme aiguise toujours le trait bouffon, se prit à dire que, pour lui, sans sa poltronnerie bien connue, il n'aurait jamais eu d'autre ambition que de se faire chef de brigands. Le mot fit d'abord scandale, et toute la société d'éclater de rire et de crier au scélérat! Puis, chacun des convives ramenant doucement sa pensée sur l'heureuse insouciance de cette profession, il n'y eut bientôt plus qu'une voix pour en faire l'éloge, et pour la venger de ce que l'on appelle faiblesses et préjugés d'enfance. A la bonne heure! reprit le poète d'un ton ironiquement débonnaire; car je ne conçois, en vérité, pas comment vous autres banquiers, docteurs, philosophes, industriels, gens de lumières et de perfectibilité, auriez le triste courage de flétrir une race d'hommes qui ne font que protester à leur manière contre ce vieil ordre social que nous battons tous en brèche depuis si long-temps. De grâce, messieurs, un peu plus d'indulgence pour ces monstres sublimes qui forment aujourd'hui notre avant-garde; ne vous piquez point de résister aux vives sympathies qu'excite en France la jeune littérature. Bannissons de notre esprit les principes d'une morale gothique, comme nous avons déjà fait justice de la règle des trois unités, et portons le dernier coup à cette civilisation barbare, qui dresse encore des échafauds, et nous force à pleurer sur les angoisses d'un condamné.

A cette conclusion toute philantropique, corroborée de nouvelles rasades, plus d'un convive exprima le regret touchant de n'avoir pas du moins commencé sa carrière par le poétique métier de pirate ou de contrebandier. L'émotion alla même si loin qu'on vit de jeunes *capacités*, invoquant l'exemple de Salvator-Rosa, former le généreux dessein d'aller au milieu des bandits retremper leur caractère politique. Mais le poète, qui s'était fait un jeu de soulever ces passions tumultueuses pour les mettre ensuite en œuvre, prenant tout à coup la question sous une autre face : « Je vous ai, dit-il, confessé ma faiblesse, « je suis le colonel des poltrons, vous êtes tous « de mon régiment. Donc, par cette raison, « vous ne deviendrez, non plus que moi, des « César ou des Alexandre de grand chemin. « Mais, pour peu que vous promettiez d'être

« sages et d'écouter mes avis, je connais un « chef qui, sans se brouiller avec l'ordre légal, « saura vous procurer toutes les émotions de « cette vie *grandiose* après laquelle vous sou- « pirez. Prenez mon homme, messieurs, pre- « nez mon ours, et les caisses publiques seront « à vous, et aussi les hôtels, les palais, les « honneurs, avec des canons et des soldats « pour vous défendre. »

« Ainsi ton chef, reprit le plus jeune des « convives, serait encore, si je ne me trompe, « une manière d'empereur ou de roi, quelque « prince dont il faudrait subir les caprices et « les ordonnances de bon plaisir ! »

« Eh ! que nous importe ! s'écria le poète en « haussant les épaules, que cet homme ait des « gardes et batte monnaie, si c'est pour nous « la distribuer ensuite ? Ne faut-il pas faire la « part de ce stupide vulgaire, qui ne comprend « non plus un chef sans couronne qu'un poli- « chinelle sans bosse ? Celui que je propose à « vos futures excellences ne sera jamais pour

« nous qu'un chef de bande obligé à partage. »

Cependant la politique prit insensiblement un tour plus grave, les conversations particulières achevèrent de tout expliquer, et déjà l'on nommait, en rentrant au salon, l'*illustre citoyen* qui devait sauver l'état. C'était comme au hasard que venait de s'en faire la première ouverture.

III

LES COMPLICES AU BUTIN.

La première et la meilleur part une fois adjugée, c'est ensuite à qui jettera sa main au milieu du pillage pour la remplir. L'un, au hasard, trouve une épaulette, l'autre une direction, l'autre une préfecture; titres et croix servent d'appoint seulement. Bref, il n'est si mince compagnon de la basoche, si petit cathédrant de collége, qui ne finisse par emporter dans les plis de sa robe, ministère ou pairie.

Nous avons vu ces irréconciliables ennemis du passé, tout éblouis de l'éclat du pouvoir qui reluit en leurs mains honteuses, ne s'occuper d'abord qu'à maintenir pour eux-mêmes ce qu'ils regardaient naguère comme de vils et odieux priviléges. Nous les avons vus se partager les dépouilles opimes de la France, et la flétrir de leur aristocratie mercantile et paperassière. Ils ont trouvé commode de rentrer par la porte dérobée dans le vieil édifice monarchique, se couvrant à leur tour des ais vermoulus de sa fastueuse grandeur. Parlons aussi de trône, ont-ils dit, de sujets et de très chrétienne majesté; parodions la foi, parodions le sentiment, faisons grimaces de gens de bien, personne ne nous reconnaîtra. A toi cette ambassade, à moi ce ministère, à celui-ci des millions, à celui-là un gouvernement, à nous tous fortune et pouvoir, et vive la France!

On ne voulait nous donner qu'une révolution de palais, et l'on a tenu parole. C'était chose convenue, du reste, que nos *bleus* n'éviteraient aucun des reproches qu'ils avaient adressés aux *verts;* que nos tricolors, pour parler franc, ne rempliraient aucune de leurs promesses. Mais le peuple n'a point oublié les redoublemens de tendresse qu'on lui témoignait à la veille d'une révolution, ni les espérances de bien-être et de perfectibilité dont on l'enivrait; et ces terribles doctrines restent là comme un faisceau de tempêtes nouvelles suspendu sur la tête du pouvoir.

IV

NOUS ET NOS AMIS.

A la porte les hommes de juillet, à la porte les hommes de révolution ! se sont tout d'une voix écriés les habiles ; à la porte ces preneurs du Louvre et des Tuileries, qui n'étaient bons qu'à balayer pour nous l'aire du pouvoir! Otez leur sang, ôtez leurs cadavres, et vite à notre tour prenons d'assaut richesses et grandeurs! Donne-moi la main, Maurice; pousse-moi, Casimir; Guizot, je fus ton disciple; je suis, d'Argout, la chair de ta chair, les os de tes os. Tant enfin s'aida, la troupe convoiteuse des érudits, que jusqu'au plus imperceptible maître-ès-arts, jusqu'au moindre apprenti de la doctrine, tous sont entrés dans la place, de Broglie et Cousin en tête philosophie déployée. Longue était à défiler la phalange *normale,* glorieux bataillon dont les chefs, depuis quinze ans, marquaient le pas sur le seuil du pouvoir. Et cependant elle se grossissait encore des plus illustres capitaines de la république et de l'empire, vieilles cupidités éprouvées, et de ces graves et austères patriotes avec lesquels la France n'en a point été quitte pour vingt parts faites en famille et distribuées au même sang. On entendait protester de son désintéressement tel renommé mandataire du peuple, dont l'auguste et nombreuse parenté, répandue par ses soins à tous les postes, et brodée de toutes les couleurs, ne pourrait, de compte fait, tenir bien pressée dans le plus vaste salon de Paris.

Encore restait-il à la charge du vainqueur mille autres petites dépenses secrètes! Il nous a fallu acquitter certains frais de complot, sauver nos amis de la banqueroute, faire le trousseau de nos *capacités gouvernementales*, et pourvoir à leur mariage. Celui-ci ne peut trouver femme s'il n'a deux places à la fois, et sur-le-champ on les lui donne; celui-là doit jeter un million dans la corbeille, et le trésor en fait l'avance; avec deux mots du ministre, cet autre, jusque-là si difficile à marier, épouse un des plus riches partis du royaume. Grâce enfin à notre révolution, le plus laid comme le plus vil l'a emporté sur ses rivaux, et goûte maintenant en paix les douceurs d'un hymen inespéré. Le dirai-je! il n'est pas jusqu'à la reine des Belges qui ne puisse elle-même dater ses fiançailles de nos glorieuses barricades, et que ne fasse tressaillir d'amour et de reconnaissance la fête anniversaire de juillet.

Ainsi cette trombe de peuple, météore politique, qui s'éleva soudain terrible et formidable, renversant, sur son passage, trônes, dynasties, constitutions, ne devait aboutir, après avoir changé de main la liste civile, qu'à donner un gendre à Louis-Philippe, et à messieurs les doctrinaires de l'argent et des femmes! Oh! le beau résultat pour une nation fière de ses combats et de ses blessures, pour une nation qui depuis quarante ans demande à grands cris la liberté, et qui n'a trouvé sur la route fallacieuse du progrès que honte et que misère.

V

UNE QUERELLE.

Toujours au partage du gâteau surviennent querelles et jalousies ; il n'y a si bonne curée qui ne finisse par des coups de dent. Je n'en veux pour exemple que ce qui se passe entre gens du pouvoir : colère, injures, révélations, rien ne manque à leurs débats. C'est notre part de fête à nous galerie, notre morceau friand et délicat. Que d'étranges choses on apprend alors, sans écouter à la porte d'un bagne ! Oh ! les trahisons, oh ! les bassesses, oh ! les lâchetés ! que ne puis-je vous cracher au nez, publicistes de honte et d'infamie !

Or, je veux prendre au hasard, et, tout scandale cessant, m'arrêter au burlesque différend qui s'émut naguère entre deux *notabilités gouvernementales*, dont nous ne connaissions encore que les nobles emportemens de patriotisme et de philantropie. Comment s'engagea la dispute ? Rien ne saurais en dire, sinon que, malgré le bruit confus de vingt conversations diverses, on entendit tout à coup retentir ces paroles foudroyantes : « Sachez, « monsieur, que vous ne devez l'insigne hon- « neur de la pairie qu'à de misérables intrigues « de collége, mûries dans l'antichambre ; qu'à

« de petites protections de camarade-ministre « et de journaliste-courtisan.

« Ce serait à tort que je m'offenserais « d'une si étrange apostrophe, reprit avec « quelque intention de dignité le nouveau « pair. Monsieur ne sait point apparemment « distinguer la route du Luxembourg de celle « que prennent certaines gens pour arriver au « conseil d'Etat. »

Et il y eut alors entre les deux adversaires, comme entre deux armées qui se préparent au combat, une sorte d'hésitation, un moment de silence solennel, dont je profite moi-même pour dresser le bulletin de leur sanglante querelle. On sait déjà le rang élevé qu'ils occupaient dans le monde, et je me félicite de cette heureuse circonstance qui me permet de les désigner par des titres non moins glorieux que leurs noms.

LE CONSEILLER D'ÉTAT.

Assez de *précédens* honorables peuvent expliquer la *position* que l'on m'a faite. Mes droits à la bienveillance du prince sont incontestables. Je souhaiterais que de pareils titres, monsieur, vinssent justifier votre rapide fortune.

LE PAIR DE FRANCE.

Je me plais à rendre hommage à l'antique noblesse de M. le conseiller d'état; elle est des meilleures et des plus relevées; et certes je conçois que de si vieux parchemins et de si hautes alliances lui tiennent lieu, au besoin, de tout autre titre...

LE CONSEILLER D'ÉTAT, *interrompant brusquement.*

Mauvaise pointe! pitoyable jeu de mots! dont ne saurait être blessé un homme qui, dès le début de sa carrière politique, a fait divorce avec toute distinction nobilière. Je n'ambitionne qu'un seul titre, celui de bon et loyal député, que j'ai su mériter de mes concitoyens. (*Murmures approbatifs dans le salon.*)

LE PAIR DE FRANCE.

Voilà bien, en effet, le langage d'un mandataire libéral de bonne maison, qui veut d'abord, par cette apparence de modestie plébéienne, se mettre en règle avec les électeurs de son département! Mais oserait-on vous demander si vous faites partout aussi bon marché de votre titre? Si votre apostasie du forum, par exemple, vous suit jusque dans les nobles salons du faubourg Saint-Germain? Qui se donnerait la peine de passer chez votre notaire ou chez le sacristain de votre paroisse, jugerait s'il est une seule circonstance de votre vie où vous négligiez de prendre ce titre de marquis que vous tenez si bien caché pour nous. Tout gentilhomme que je vois dans un intérêt de fortune quitter et reprendre son titre, me représente involontairement ces mendians de profession qui, selon le quartier où ils ont affaire, boîtent et contrefont les infirmes ou marchent droit et sans béquilles.

LE CONSEILLER D'ÉTAT, *avec emportement.*

Celui qui descend à l'insulte et ne craint pas de m'attaquer dans ma vie privée, me donne le droit de lui demander, en revanche, la recette de ce flegme stoïque avec lequel il a abandonné sa famille et laissé son père s'éteindre dans une affreuse misère. Ce philosophe d'étrange fabrique daignera sans doute aussi nous apprendre quel écrivain nébuleux et diffus, ne trouvant plus le débit de ses savantes compilations, s'est mis à piller effrontément les traductions de ses confrères? Oh, pour le coup, un tel homme aurait deux fois tort de rougir de l'honnête artisan qui lui a donné le jour! Son père, du moins, ne vendait que l'ouvrage qu'il avait fait.

LE PAIR DE FRANCE, *pâle et consterné.*

Quelle misérable sortie! quel honteux emportement! A vous, monsieur, l'honneur du scandale!... On ne saurait, au reste, me reprocher les saturnales d'un mauvais livre; on ne m'accusera point d'avoir platement délayé dans quatre gros volumes la monstrueuse luxure de quelque prêtre abominable! roman impudique, sale rapsodie où la langue n'est non plus respectée que ne le sont les mœurs et le bon sens..... Vous pouvez trépigner des pieds, écumer de colère, vous n'échapperez pas à la honte de vos œuvres. . . . . . .

. . . .

Bien avisé fut le conciliant *juste-milieu* qui, dans ce moment critique, osa se jeter entre les deux illustres champions. Il sentit d'abord, et comprit en homme d'état lui-même, que, le premier mouvement de colère une fois passé, de si grands personnages ne se battraient pas pour si peu de chose, et il eut raison.

VI

TRISTE VÉRITÉ.

Ainsi nous ne voyons que de misérables imposteurs croître et grandir autour de nous! Ainsi, chaque révolution nouvelle est un piége qu'ils tendent à notre aveuglement stupide!

C'est à qui d'entre eux se fera payer le mal qu'il aura fait au peuple et le poison qu'il aura versé dans son sein. Je me croirais volontiers au milieu des *étouffeurs* d'Angleterre : comme ces assassins, nos habiles font aussi métier d'arracher à la France ses derniers principes de vie pour la vendre en cadavre.

LIVRE III.

COMPLICITÉ DE LA NATION.

I

FASCINATION VOLONTAIRE.

Tout est parmi nous tour de gibecière et prestige d'escamotage. Vous avez vu sortir de dessous le gobelet enchanté, avide d'usurpations et de tyrannie, l'homme populaire qui venait d'y entrer le bonnet de liberté sur la tête ; vous en avez vu sortir, rapace et cruel, celui qui ne voulait, disait-il, que le bonheur du peuple, et ne parlait que de modération et de justice. Et quand le moment est enfin arrivé de mettre à l'épreuve ces puissantes institutions qui devaient pour jamais garantir nos droits et nos libertés, il n'y avait plus en leur place que lois d'exception, impostures légales et fraudes politiques.

Vous plaît-il de suivre jusqu'au bout cet esprit de fascination ? Parcourez nos assemblées publiques, entrez dans nos colléges électoraux, et, vous mêlant à la tourbe libérale, tâchez d'observer l'un après l'autre chaque citoyen privilégié qui va fièrement déposer son vote. Tous s'accordent à vanter l'importance de leurs droits et la sainteté de leur mission, tous prétendent, la main sur la conscience, faire choix d'un député patriote, loyal et incorruptible mandataire ; et cependant, l'urne toute cachetée passe sous le fatal gobelet, et il en sort, ô prodige ! un de ces noms odieux qui vont encore à Paris publier la honte des électeurs.

A parler clair, en un mot, et pour qui veut entendre, nous ne rencontrons plus en France qu'un peuple corrompu, livré à ses intérêts, ennemi de sa propre gloire, fauteur et complice de toutes les trahisons dont il est la victime dévouée. Sans doute, on a beaucoup fait, depuis trente ans, pour perdre cette triste et malheureuse société, mais il appartenait au gouvernement constitutionnel de lui porter le dernier coup.

II

TRAFIC ÉLECTORAL.

Oui, je le déclare, il faut désespérer de la chose publique, si notre salut ne doit venir que du bienfaisant régime de l'urne et du scrutin constitutionnel. En l'état piteux où nous a réduits le monopole de l'élection, je défierais le plus habile tyran d'ajouter à notre misère. Quel autre vote que celui de nos députés pouvait nous mettre à la merci d'un joug odieux? Et qui donc a fait ces mandataires infidèles, sinon le vote encore plus coupable des électeurs? Tant il y a que la majorité docile et complaisante du Palais-Bourbon n'atteste que trop la majorité corrompue des colléges électoraux. Qu'importe, en effet, à des hommes avides où siége le soi-disant élu du peuple; qu'il coure marquer sa place derrière le banc des ministres ou derrière celui des huissiers, qu'il se fasse centre, qu'il se fasse ventre et nombril, pourvu que sa prostitution tourne à leur profit?

Montrez-moi, je vous prie, le candide citoyen qui, fort de son honneur, estime que les députés se font encore au cri de la conscience, pour leurs vertus, pour leur noble et beau caractère, comme autrefois les Romains prirent Cincinnatus à la charrue. Oh! la robuste foi vraiment, qui s'imaginerait qu'on ne les entretient à l'oreille que du bonheur du peuple, qu'on ne leur recommande que des choses honorables, qu'on ne leur prescrit d'autres devoirs qu'envers la patrie! On veut un député libéral, soit; mais on veut aussi qu'il intrigue : on prise fort son indépendance, mais on fait encore plus de cas de sa souplesse. Il faut, pour être bon, que notre candidat ait déjà porté livrée, qu'il soit connu du suisse des finances, et puisse, au besoin, forcer une consigne. Alors on le pousse de son mieux, on fait voler son nom de bouche en bouche, et il réussit par les soins et les trémoussemens de quelques hobereaux de comptoir, qui les premiers lui ont crié : *part*. Ou la chambre élective renferme dans sa majorité l'élite du peuple français, et quel peuple, grand Dieu! ou elle n'est que le fruit d'un odieux monopole; et que penser alors du gouvernement constitutionnel?

III

RÉCIPROCITÉ DE BONS SENTIMENS.

Admirez maintenant cet heureux accord, cette vive sympathie qui règnent entre la capitale et les provinces ! Nobles et généreux procédés qu'on ne saurait louer assez haut. En échange du milliard dont elles emplissent chaque année le trésor, nous fêtons de notre mieux, leurs mandataires fidèles, et nous les renvoyons aux départemens, titrés et enrubanés, frottés de cour et pourvus de bons offices. On les tire pauvres du magasin, mais ils retournent en peu de temps riches et superbes. Il ne s'agit que de connaître la bonne recette. Un industriel dont on aura mis les fournitures au rebut, change bientôt, le mandat de député à la main, la qualité de ses marchandises, et convertit en or ses draps ou son fer. La faveur ministérielle tombe sur sa maison comme une douce rosée; les commandes pleuvent de toute part, ses ateliers ne ferment ni jour ni nuit. Pour être fantasque et bourrue, la langue de cet avocat n'en va pas moins droit au but; et ses sifflemens de vipère ont appelé déjà sur lui richesses et grandeurs. Les muets eux-mêmes font de l'éloquence à leur manière, et trouvent aussi moyen d'arrondir leur fortune.

Et le peuple ne s'aperçoit pas que sa poche

se vide à ces beaux marchés ; qu'on achète de ses propres deniers ceux qui ont charge de le trahir, et qu'ils ne doivent, pour première condition, lui laisser ni pain, ni liberté ! Comment se fait-il que la France, en cette ère de progrès et de perfectionnement, subissant chaque jour de nouvelles transformations, n'ait pu se créer encore de bons organes, capables de manifester ses rares facultés ? Toujours au creuset, toujours en fusion, sans cesse maniée et remaniée, son sort pourtant n'en devient pas meilleur. Ce qui était dessous passe dessus ; ce qui était pieds et jambes devient tête et poitrine, sans que l'état paraisse y gagner beaucoup. Les empires supportent difficilement de si longues et si violentes convulsions, et la vie d'un peuple finit par s'éteindre dans les plus belles expériences.

IV

LES HOMMES-MANNEQUINS.

PAUVRE nation ! qui ne rêve que progrès et liberté, qui chasse ou tue les rois qu'elle épouse, et ne peut rester veuve un seul jour. Nation insensée ! que nous avons vue tour à tour ériger en dogme et la démocratie et le despotisme, et la Charte; puis la légitimité, puis la quasi-légitimité, de même à peu près qu'une balance à demi renversée figurerait la justice. Qui donc oserait dire que le dévouement ou les convictions nous manquent? N'en avons-nous pas eu pour tous les régimes, au contraire, et pour toutes les volontés; pour la tyrannie comme pour la liberté, pour la terreur comme pour la clémence? Toutes nos doctrines ont en vue le crédit et la fortune, il y a au fond de chaque opinion une recette générale, une préfecture, un ministère. On place aujourd'hui de l'argent sur tout, même sur les complots; et les emplois ne se donnent qu'aux hommes de bonne composition, qui savent d'avance ce que rapportent les déménagemens du pouvoir. Nous vivons au milieu de gens qui pensent que l'homme n'a une âme que pour aller à la bourse ou pour prêter des sermens; véritables automates, dont le principe mécanique est de fonctionner pour tous les gouvernemens et d'acquiescer à toutes les volontés souveraines. On leur fera de la même main brûler le drapeau tricolor ou le drapeau blanc, plumer l'aigle ou effeuiller le lis; on les inclinera à droite, on les inclinera à gauche, on les drapera en romains ou en pénitens, en Brutus ou en enfans de chœur. Il n'y a rien d'impossible pour leurs membres d'osier, tant de fois tordus, pliés et contournés. Que le suisse en hallebarde reparaisse aux portes des Tuileries, et vous les voyez accourir d'abord, quelle que soit la couleur du drapeau qui flotte sur le pavillon de l'horloge. Ainsi vont les choses en France, depuis que cet empire, destitué de sentimens et de convictions, marche sans boussole, et ne souffre plus lui-même au pouvoir que des mannequins politiques.

Dans les provinces, même corruption et même lâcheté de cœur. Le juge, avant de monter sur son tribunal, demande au Moniteur le nom du prince qui doit figurer en tête de ses arrêts; la police, déjà prévenue, se hâte d'effacer les derniers écussons du pouvoir déchu; et le général, qui n'attendait que ses instructions de dévouement, passe aussitôt d'un air vainqueur et martial la grande revue d'enthousiasme accoutumé. Viennent ensuite les repas et les fêtes, on signe les *adresses*, les complimens de félicitation; et l'on reçoit en échange grades, pensions et dignités. Tout cela s'envoie par le télégraphe avec quelque bout de constitution nouvelle, et passe au-dessus de la tête du peuple, qui ne s'en aperçoit que par l'augmentation des impôts et l'état toujours plus misérable de ses affaires.

V

CE QUI PRÉSERVE LA FRANCE DE LA GUERRE CIVILE.

NE vantons pas si haut cette apparente modération qui empêche les partis de mesurer leurs épées; nous n'échappons à la guerre civile que par la faiblesse et la lâcheté de notre caractère. Le moyen de se battre lorsque tout le monde se vend, lorsque nos guerriers eux-mêmes font si bon marché de leurs sentimens et de leur cocarde? On peut tenter un coup de main, dépenser le sang du peuple à quelque boucherie, mais la vertu manque pour aller au-delà. Honneur, dévouement, courage, vieux et gothiques préjugés! Nous courons à la fortune par de tout autres chemins. Le lendemain d'une révolution, c'est à qui tournera le dos au peuple pour faire croire qu'on ne lui doit rien; la mode peut venir d'insulter même la liberté, et personne ne s'y épargnera. Vous ne voyez aujourd'hui que banquiers en deuil du *maximum* qui fit leur fortune, que vieux soldats de *royal-cravate* ou de *royal-allemand* railler cette république qui les mit à la tête des armées. Ils changeraient volontiers de rôle, et voudraient qu'on les prît pour de nobles victimes de quatre-vingt-treize; apparemment comme *Beaumanoir*, qui se glorifie des désastres de sa famille, et ne dit pas que son frère fut guillotiné pour fausse monnaie. Il était bien de la même espèce cet officier général qui, au bruit de juillet, faisait partir son aide-de-camp avec deux lettres différentes; l'une de fidélité inviolable pour Charles X, dans le cas où on le trouverait aux Tuileries, l'autre de dévouement à la révolution qui serait installée à sa place. Encore un coup, faites la guerre civile avec de tels capitaines! Nous sommes devenus décidément gens de ruse et de fourberie; nous voilà Grecs, nous voilà Italiens, sauf l'honneur, toutefois, d'avoir jamais été des Romains.

Cependant, au milieu de ces habitudes de perfidie par lesquelles nous endormons la guerre civile, j'admire la rare prévoyance du peuple français, qui lui fait mettre en réserve et garder précieusement les armoiries et autres oripaux des pouvoirs divers qu'il a vu se succéder avec tant de rapidité. C'est de la sagesse, c'est de l'économie pour une nation sujette à varier si souvent la face de son théâtre politique. Vienne quand elle voudra la république, vienne l'empire, vienne la restauration, nous avons tout ce qu'il faut pour leur mise en scène. Où donc en serait la France, je vous prie, si nous n'étions sûrs de trouver d'abord au magasin, coq, lis, aigle, ou bonnet de liberté; si les diamans de la couronne venaient à nous manquer, ou les grandes salles de l'Hôtel-de-Ville? Toujours, chez un peuple en décadence, les ornemens du pouvoir tiennent lieu de principes et de fidélité.

Grâce soit rendue à la restauration débonnaire, qui ne rougit point de garder, comme décorations de rechange, les bronzes et les marbres de l'empire. Nous lui conservons, en revanche, ses bas-reliefs *monarchiques*, les combats et les victoires de monseigneur le Dauphin, qu'elle avait collés si à propos sur les grandes pages d'Austerlitz et de Wagram.

LIVRE IV.

PREMIÈRES OMBRES DE LA BARBARIE.

I

CAUSES TROP RÉELLES DE MISANTROPIE.

N'espérez plus rien d'un peuple où les honneurs, les charges, les dignités, laissent à celui qui les obtient une marque de réprobation, où l'on n'a volontiers besoin pour noter un homme d'infamie, que de le savoir en crédit et sur la voie de la fortune. Ignore-t-on, en effet, que le patriotisme et la vertu sont précisément ce qui nous sauve de la bienveillance du pouvoir? Heureux le misantrope, qui aura traversé cette époque de honte comme on traverse un cloaque ou un égout, marchant sur la pointe du pied, relevant le pan du manteau, craignant de se salir à tous les gouvernemens qui se succédaient. Chacun de ces gouvernemens prétendait avoir raison contre lui, et c'est lui qui d'aventure se trouve avoir eu raison contre eux tous. Je ne connais qu'un homme dans le vrai, celui qui hausse les épaules aux plus belles promesses, maudit le présent et désespère de l'avenir. Nous faisons de si rapides progrès, que c'est à peine si nous pourrons bientôt placer le pied au milieu de nos institutions en ruine, et nous reconnaître parmi les débris sanglans dont la terre est jonchée.

Il n'y a, selon vous, qu'un esprit chagrin

qui puisse refuser son admiration à tant de patriotes célèbres, à tant de libéraux de *vente* ou de *comité directeur*, dont les noms remplissent encore nos cités; et moi, je vous déclare que, depuis vingt ans, la France n'a pas eu de plus grands et de plus déliés comédiens. Vos stupides éloges ne les sauveront ni de la flétrissure des renégats, ni de la honte d'avoir lié et garotté leur malheureuse patrie. Bon nombre d'entre eux, au reste, pourraient vous dire par quels moyens ils se sont avancés, et l'intervalle tout juste qui sépare le bagne d'un portefeuille. La société, qui les a faits savans et habiles, n'en sera pas maintenant quitte avec eux pour quelque bourse coupée; les prétentions du *génie* vont plus loin et coûtent plus cher.

Assis au rivage, j'ai vu croître et s'élever le flot tumultueux des imposteurs, et je m'imaginais que ce débordement de mauvaises passions, tôt ou tard réprimé, laisserait enfin arriver les honnêtes gens. Mais, comme le paysan de la fable, qui, pour traverser une rivière, attendait qu'elle eût cessé de couler, j'attendrai long-temps encore, je pense, que le torrent de l'intrigue et de l'hypocrisie soit à sec.

II

QUE LES SOCIÉTÉS COMME LES INDIVIDUS SE FONT ILLUSION SUR LEUR VÉRITABLE ÉTAT.

Il n'est point d'empire maintenant descendu dans la tombe, que nous n'accusions de sa propre ruine; et pourtant ces peuples, qui ne vivent plus que dans l'histoire, croyaient comme nous à l'infaillibilité de leur science, posaient comme nous des principes, et bâtissaient encore des doctrines le jour de leur mort. Ils s'imaginaient aussi que tout allait le mieux du monde, et ils prenaient pour une époque de force et de jeunesse les dernières convulsions de l'ordre social expirant. Devons-nous donc estimer notre erreur moins grande, parce qu'elle se repaît d'autres illusions?

Plus de controverses sur le dogme, disons-nous, plus de querelles de religion; notre société, fondée sur le commerce, ne connaît que les heureuses disputes de la libre concurrence, elle ne se fera désormais qu'une guerre d'agiot et de banqueroutes. Or, cette guerre est utile, elle sert à entretenir la circulation des richesses. Stimulons l'avarice et la cupidité, mettons aux prises les intérêts; toute blessure que reçoit l'honneur est une noble blessure lorsqu'elle mène à la fortune.

Mais notre vieille France ne manquait point apparemment de bonnes raisons pour surveiller les progrès de l'industrie. Une haute expérience lui avait appris que l'égoïsme et la cupidité ne peuvent être, sans péril, livrés à leurs propres conseils, et elle s'attachait à relever, dans leur propre estime, ces professions laborieuses, d'où l'esprit mercantile a banni les sentimens d'honneur et de justice. On ne leur permettait ni d'emporter d'assaut les richesses, ni d'entourer de ruines le temple de la Fortune; on ne s'était pas encore avisé qu'une plus haute industrie dût commencer par dévorer toutes les industries rivales qui lui font obstacle. En effet, de sages entraves, mises à la trop grande faculté de produire, tendent plus qu'on ne le pense à conserver l'union parmi les citoyens, et par conséquent à faire fleurir les états. Mais qu'importent, après tout, ces maximes ou ces conseils? Nous avons exprimé jusqu'à la lie les dernières conséquences de notre transformation sociale, nous devons en subir la terrible destinée. Nos principes, comme nos sentimens, appartiennent à l'espèce destructive; il ne faut pas s'étonner qu'ils soient odieux.

III

CE QU'IL FAUT INFÉRER DES PRÉCAUTIONS EXTRÊMES QUE PREND LE POUVOIR.

Pour louer notre siècle et faire croire à la supériorité de sa raison, on est dans l'habitude de comparer l'ancien et le nouveau Paris, ses embuscades et ses bruits nocturnes d'une autre époque, avec la tranquillité dont il jouit maintenant. Mais on ne dit pas à quels incroyables efforts nous devons cette apparence d'ordre, ni ce qu'il en coûte pour maintenir la règle et figurer en France des mœurs publiques. Si Paris n'avait, comme autrefois, pour le garder, que ses faibles escouades du guet, Paris ne serait plus tenable de nos jours. Il lui faut actuellement, sous peine de désordre, une armée d'archers et de sbires, des gendarmes, des gardes municipaux, des sergens de ville; police grise, police bleue, mouchards de nuit et mouchards de jour; sans parler de ses cent mille hommes de garde nationale, et des nombreuses légions de la ligne continuellement en armes et sur pied. L'office de ces troupes, il est vrai, ne se borne pas toujours à assurer le repos des citoyens; elles ont charge encore d'appuyer les volontés du pouvoir et de le placer au-dessus de la contradiction. Mais cette violence même est d'un funeste présage, l'ordre social ne saurait long-temps vivre l'épée au poing.

Bien que le pouvoir ait, en France, une rare habileté pour préparer lui-même sa chute, nous devons cependant peu compter sur le bonheur d'un peuple où il n'y a lois, trône, ou constitution qui durent ensemble plus de dix ans. Ce n'est point de notre part la preuve d'une plus haute civilisation, que d'obéir sans cesse aux mobiles caprices des partis; ce n'est pas un signe de progrès que de changer à tout instant de politique et de gouvernement. Il y a dans ces soudaines et continuelles révolutions du pouvoir tous les avant-coureurs de la barbarie.

IV

OU NOUS CONDUIT UNE TURBULENTE CURIOSITÉ.

Les sociétés vivent sous l'influence de certains principes mystérieux, qui sont comme une des conditions nécessaires de leur existence. Du moment où un peuple, déchirant ce voile sacré, prétend sonder tous les secrets de l'ordre social, il n'est plus pour lui ni paix ni trève. Que nous importe, en effet, de savoir comment se font les riches, les grands, les rois, s'il n'en doit résulter que dégoût et indignation ? à quoi bon une curiosité qui ne laisse que des souvenirs de honte et de bassesse ? La belle chose d'avoir vu la vente de Charles X affichée, comme après décès, sur les murs de sa capitale, et les Belges renvoyer au bureau des renseignemens les pétitions des princes qui s'offraient à les gouverner ! Cette leçon a-t-elle porté ses fruits ? en sommes-nous plus libres et plus heureux ? Le pouvoir seul, hélas ! met à profit ces tristes lumières ; il devient toujours plus absolu à mesure que se détruisent les fictions de l'ordre social, jusqu'à ce qu'il arrive enfin au despotisme, qui n'est que le pouvoir sans prestige et sans illusions.

Voilà comme il le faut, du reste, à des peuples blasés sur la civilisation, avides de richesses et de nouveautés, pleins de mépris pour les pensées généreuses qu'ils regardent comme des *idéalités*. Leur âme de citoyen, desséchée par une longue vie sociale, croit être apparemment en progrès de tout ce qu'elle a perdu de chaleur et de sensibilité, et ne trouve plus d'admiration que pour ce froid esprit d'analyse qui a, dans tous les temps, marqué le retour à la barbarie. Les sociétés se constituent sous l'influence toute divine des sentimens, parviennent au dernier degré de prospérité par une heureuse combinaison de ces sentimens avec l'intelligence, et se perdent ensuite par les subtilités de l'esprit et l'exagération du savoir. L'ivresse des lumières ne leur est pas moins fatale que la plus épaisse ignorance; le ciel a mis à côté de tous les excès un tombeau.

V

DU CHEMIN QUE NOUS AVONS DÉJA FAIT.

Ne serions-nous destinés, dans l'ordre de la Providence, qu'à instruire les autres peuples par nos témérités et nos déportemens? N'aurions-nous mission que de leur montrer, dans toute sa turpitude, l'état funeste d'une société qui fait folie de son esprit? La France, comme un homme ivre, chancelle et marche à l'aventure; un faux pas la jette dans la superstition, un faux pas la conduit à l'athéisme; qu'on la relève d'un côté, elle tombe de l'autre. C'était hier le bât des jésuites qu'elle portait, c'est aujourd'hui l'attache d'une autre hypocrisie ; toutes mains désormais semblent bonnes à la gouverner. Voici maintenant le tour des hommes d'affaires, on ne verra plus que courtiers de trahison et brocanteurs de parjure : pour le corps social, c'est la bile passée dans le sang. Notre époque enseigne, comme maxime souveraine, que l'on ne saurait gouverner avec les honnêtes gens! Hâtons-nous de le dire, jamais principe ne fut mieux suivi.

Lorsque je suis venu au monde, de nobles convictions remplissaient encore le cœur de l'homme ; la sincérité, la bonne foi, étaient en estime; le désintéressement passait pour une vertu, le serment engageait à quelque chose. Mais peu de jours se sont écoulés, et déjà l'on nous montre une *France nouvelle*, c'est-à-dire un peuple d'une autre espèce, artificieux, égoïste, cupide, moqueur, prenant en pitié les vieilles croyances et n'accordant foi qu'aux richesses. Encore un pas, et la France aura fait son dernier progrès ! C'était bien, en vérité, la peine de jeter par la fenêtre nos lois, nos mœurs, notre religion, pour ne mettre à la place qu'un régime de honte et de déceptions.

VI

FACHEUX PRÉSAGE QUE L'ON PEUT TIRER DE L'ÉTAT DES LETTRES EN FRANCE.

Peut-être notre jeune littérature, à considérer le fond des choses, mériterait-elle plus d'indulgence que de colère. C'est partir d'un faux principe, je crois, que de la supposer libre ou capable de faire mieux. La corruption des lettres suit bientôt celle des sentimens, et elle n'annonce pas moins la décadence d'un peuple que ne le font l'égoïsme et la lâcheté même de ses mœurs. Loin de prendre le *romantisme* pour une école, je n'y vois, au contraire, que la marque trop certaine de notre abaissement, et l'expression involontaire d'une société sans règle et sans frein, livrée à toutes les extravagances de l'imagination. Ce que nous aimons particulièrement aujourd'hui, ce sont les monstres; nous ne trouvons plus de saveur qu'aux forfaits et à la destruction, il nous faut des mets qui enlèvent le palais. L'Ane mort et la Femme guillotinée, — la Folle et le Pendu, — le Meurtre, — le Crapaud, — les deux Têtes, — les deux Cadavres, voilà nos pastorales. Quant à nos leçons de morale et de philosophie, nous les trouvons dans le Dernier Jour d'un Condamné, dans la Dernière Heure d'une Enterrée, dans les Lettres du Cercueil, etc. Et que serait-ce donc si, sortant de ce cercle d'écrivains en réputation, j'allais chercher de nouveaux exemples parmi nos vulgaires romanciers? Quel langage, grand Dieu! quelle peinture et quelle vérité! ils ne semblent avoir qu'une intention, celle d'outrager la nature.

Ainsi s'enchaînent dans des jours de dissolution sociale toutes les folies humaines. La sottise alors devient logique, elle agit avec méthode et d'une manière si conséquente, qu'un seul trait de mœurs suffirait à peindre la société entière. Parlez-moi de *Marie Tudor* ou d'*Angèle*, et je parie deviner en politique les doctrinaires; montrez-moi sur le trône l'immuable pensée gouvernementale, et je lui donne aussitôt pour organes, Barthe, Guizot, Persil, d'Argout, Soult, Rigny. Voilà comme en d'autres temps la France produisait d'Aguesseau, Colbert, Turenne, Condé, Jean-Bart ou Tourville. A chaque siècle son unité!

FIN.

TABLE DES MATIÈRES.

PREMIÈRE PARTIE.

THÉORIE DES ESPÈCES SOCIALES.

DEUXIÈME PARTIE.

DISSOLUTION SOCIALE D'UN PEUPLE.

FIN DE LA TABLE.

www.ingramcontent.com/pod-product-compliance
Ingram Content Group UK Ltd.
Pitfield, Milton Keynes, MK11 3LW, UK
UKHW020428200726
13857UKWH00002B/337

9 782012 996618